색채 환상곡

하태임 화가 첫 번째 에세이집

색 채 환 상 곡

Color Fantasy

하태임 지음

색으로 기억하고, 감정으로 그리다.

삶의 모든 순간이 색이 되어
하나의 환상곡을 이룬다.

Un Passage No.211015, 162×130cm, Acrylic on Canvas, 2021.

Un Passage No.221020, 162×130cm, Acrylic on Canvas, 2022.

추천사

하태임의 추상화는 그야말로 '색채 환상곡'이다. 핑크, 레드, 그린, 옐로우, 블루, 화이트, 블랙 등 활모양 색띠들 color-band의 다채로운 조합과 구성은 진즉부터 많은 이들의 사랑을 받아왔다. 그만큼 향기로이 장식성 있는 그림이면서, 노동의 강도 높은 작업이 여일하기에 인기를 유지해 오지 않나 싶다.

《색채 환상곡》은 작가의 삶과 작업 과정을 고스란히 드러낸다. 캔버스에 정심하게 쏟아낸 겹겹의 색과 품 들인 붓질 하나하나에는 딸로, 학생으로, 아내로, 엄마로, 교사로, 작가로 살아온 평범하지만 않은 한 여인의 반평생이 오롯하다. 또 그 길에서 부딪는 인간 하태임의 마음과 감정이 솔직하게 읽혀지니 무엇보다 좋다.

명지대학교 석좌교수, 미술사가 **이태호**

추천사

하태임은 '색'인가.

세상 모든 화가는 색(color)을 다룬다. 모두가 색을 다루는 세상에서 하태임은 어떻게 '색' 하면 바로 떠오르는 존재가 되었나. 이 책 프롤로그 첫 문장처럼 '삶의 모든 순간에 언제나' 색이 있었기 때문일까.

그녀가 처음으로 색을 뺀 작업을 한 적이 있다. 내가 "색채가 없는 하태임을 나만 유일하게 소유하고 싶다. 이전에 없었고 이후로도 없길 원한다."라고 부탁했고, 그는 무채색으로 그림을 그려주었다.

그렇게 탄생한 작품을 본 많은 사람들이 그녀에게 흑백 그림을 요청했다고 한다. 그런 탓에 나는 색채가 없는 하태임을 최초로 소유하는 데는 성공했으나 유일한 소유자가 되지는 못했다.

하태임에서 색을 빼앗았는데도 각광받는다니.

그렇다. 수단이 색이고, 보이는 것이 색일 뿐 하태임은 색이 아니다.

이 책은 그가 흑백으로 작업한 두 번째 작품이다.

종이는 백색이고 모든 글은 흑색이니 내가 가진 그 최초의 흑백 작품과 같은 부류다.

그는 자신의 작업 출발점에 '소인(obliteration)'이란 개념이 있다고 했다. 지운다는 것은 다른 어떤 것으로 덧칠되어 덮어지는 것이라고 했다.

그렇다. 그는 이번에 새로 뭔가를 쓴 것이 아니다.

평소 어떤 경험과 생각을 캔버스에 적고 그 위에 수도 없이 색을 덧칠해 왔는데 그 색을 다시 긁어내고 나니 지워졌던 최초의 생각이 드러난 것이다. 우리는 그가 색을 덧칠하기 이전에 써둔 생각들을 이제야 만나게 된 것이다.

책장을 덮고 내가 소유한 그녀의 그림들을 자세히 들여다보니 컬러밴드 아래 소인되어 있던 그녀의 문장들이 비로소 보인다.

PSG 대표 **여준영**

추천사

《색채 환상곡》은 한 화가의 생이 색으로 번진 자서전이자, 감정의 깊이를 탐구한 회화적 기록이다. 하태임은 눈부신 빛보다 마음에 스며드는 색을 그린다. 그녀에게 색은 감정의 흔적이자, 살아낸 시간의 물성이다. 회화가 감정의 언어로 확장되는 순간, 우리는 색이 철학이 되고 기억이 되는 과정을 마주한다. 화려함보다 진심으로, 이성보다 온기로 세상을 바라보는 예술가의 시선이 책 곳곳에 배어 있다. 결국 예술은 그녀의 말처럼, '삶이 물든 마음의 색'을 전하는 일이다.

미술평론가, 예술철학박사 **안현정**

추천사

하태임 작가는 〈컬러밴드〉로 지금 한국 화단에서 가장 인기 있는 핫한 작가이다.

어쩌면 부모 하인두와 류민자보다 더 유명한 스타화가.

어떻게 그녀는 색채의 덧칠과 반복, 그 형태의 조화로 성공할 수 있었는지를 스스로 밝힌 비밀스런 그러나 가슴 시린 생생한 일기이자 고백록이다.

미술평론가, 전혁림 미술상 심사위원장 김종근

추천사

색을 쌓는다는 건 결국 마음을 쌓는 일이라는 사실을 이 책은 천천히, 그러나 강하게 보여준다. 하태임 작가는 화려한 언어를 앞세우지 않는다. 대신 삶에서 건져 올린 감정의 색조들을 차분히 펼쳐 보이며, 우리가 미처 보지 못했던 '한 사람의 내면 풍경'을 드러낸다. 캔버스 위에서처럼, 그녀는 삶에서도 수없이 지우고 또 덧칠하며 자신만의 색 띠를 만들어왔다. 그 과정엔 견디는 시간도 있고, 기쁨이 터지는 순간도 있고, 누군가에게 말하지 못했던 사적인 생각들도 스며 있다. 이 책을 읽다 보면 한 작가의 일대기를 넘어, '스스로의 색을 찾아가는 모든 사람'의 이야기로 확장된다. 책을 덮고 나면 작품이 아니라 사람이 남는다. 바로 그녀의 진심 때문이다.

관점 디자이너 **박용후**

추천사

그림을 보다 보면 문득 화가가 궁금해질 때가 있습니다.

어떤 사람이기에, 어떤 삶을 살아왔기에 이런 색과 감정을 담아낼 수 있을까.

내가 느낀 이 마음은 과연 작가의 의도와 닿아 있는 걸까.

하태임 작가의 이번 책을 읽으며 그 궁금증에 답을 얻을 수 있었습니다.

그는 삶을 통해 느낀 모든 감정을 솔직히 꺼내어, 색으로 말하고, 빛으로 표현합니다.

한 사람의 인생이 어떻게 예술로 변모하는지, 그 과정의 아름다움과 고요한 떨림이, 이 책 곳곳에 스며 있습니다.

이 책을 읽고 나니, 그림을 바라보는 시선이 달라졌습니다.

나아가 내 삶의 감정과 생각을 어떻게 표현하며 살아가야 할지도 새삼 되묻게 되었습니다.

조용히 그러나 단단하게, 작가의 인생이 스며 있는 이 책이 독자 여러분께도 따뜻한 위로와 깊은 사유의 시간이 되기를 바랍니다.

아나운서 **한석준**

Un Passage No.221029, 162×130cm, Acrylic on Canvas, 2022.

Un Passage No.241014, 250×200cm, Acrylic on Canvas, 2024.

프롤로그

색을 닮은 시간들

　삶의 모든 순간에는 언제나 색이 있었다. 창가로 스며드는 새벽의 푸른빛, 아이의 숨결처럼 따뜻한 노랑, 그리고 시간이 지나며 깊어진 보라빛의 고요까지. 색은 언제나 내 곁에 있었고, 나는 그 색을 통해 세상을 이해하고, 나 자신을 바라보았다.

　어릴 적 나는 색에 예민한 아이였다. 하늘의 회색이 마음을 무겁게 만들던 날이 있었고, 바닥에 떨어진 붉은 잎 하나가 하루를 환하게 하던 날도 있었다. 그때는 몰랐다. 그 감정의 파편들이 언젠가 내 삶의 언어가 되고, 붓끝으로 이어질 줄은. 처음 그림을 배울 때 나는 형태를 그리고 싶었다. 그러나 시간이 지나며 형태보다 색이 나를 이끌었다. 붓끝에서 번지는 색은 내 감정의 리듬이었고, 색이 쌓이고 허물어지는 반복 속에서 나는 나의 마음을 조금씩 이해했다. 색은 나를 기록했고, 나는 그 색에 기대어 살아왔다.

아이를 낳고 기르던 시절, 삶은 늘 분주하고 불완전했다. 밤새 울던 아이를 안고 창가를 바라보면 새벽빛이 방 안을 천천히 물들이곤 했다. 그때마다 나는 마음속으로 물었다. "이 순간의 빛은 어떤 색일까?" 그 질문 하나가 내게 위로가 되었다. 모성의 시간 속에서도 색은 변함없이 내 곁에서 말을 걸었다.

교단에 서서 아이들을 가르치던 시절도 있었다. 하얀 분필가루가 손끝에 남던 그 시간에도, 나는 여전히 그림을 그리고 있었다. 수업이 끝난 뒤 텅 빈 교실에 내려앉은 오후의 빛을 보며, 나는 또다시 색을 떠올렸다. 그 빛이 얼마나 따뜻한지, 그 색이 나를 다시 캔버스로 부르는 듯했다. 그리고 다시 화가로 돌아와 온전히 색에 나를 맡겼을 때, 나는 알았다. 색은 단순한 시각의 언어가 아니라 감정의 증언이며, 존재의 흔적이라는 것을. 색은 말보다 깊은 위로를 건넸고, 시간보다 오래 남았다.

파랑은 내게 침묵의 색이었다. 생각이 고요해지고 마음이 정리되는 시간의 빛. 분홍은 다시 시작하는 용기의 색이었고, 초록은 삶을 향한 감사였다. 그렇게 색은 감정이 되었고, 감정은 다시 색으로 돌아왔다. 삶이 흔들릴 때마다 색은 나를 제자리로 데려왔다. 붓을 들지 않는 날에도 나는 색을 느끼며 산다. 아침의 공기, 커피 잔 위의 그림자, 누군가의 목소리 속에서도 색은 스며 있다.

이 책은 그런 시간들의 기록이다. 화폭 위의 이야기이자, 화폭 밖의 삶에 대한 고백. 그림을 그리는 일과 살아가는 일의 경계는 어느새 사라졌다. 삶이 곧 예술이 되었고, 예술은 곧 나의 일상이 되었다.

《색채 환상곡》은 지난 20여 년 동안 색으로 쌓아올린 나의 시간, 그리고 그 속에서 얻은 마음의 조각들을 엮은 책이다. 한 화가로서, 한 엄마로서, 한 인간으로서 나는 색을 통해 나를 다시 배웠다.

이제 그 이야기를 조용히 당신에게 건넨다. 삶의 어딘가에서 당신 또한 자신의 색을 발견하길. 그 색이 당신의 하루를 비추는 빛이 되길, 그리고 당신의 마음을 다정히 감싸주는 힘이 되길 바란다.

하태임

Un Passage No.221002, 182×182cm, Acrylic on Canvas, 2022.

Un Passage No.221019, 200×250cm, Acrylic on Canvas, 2022.

차 례

6   추천사
16   프롤로그

제1장
삶으로부터 그림이 시작되다
- 탄생, 모성, 그리고 예술가의 서막

28   나의 첫 아침
33   동생 유기 사건
38   1999년 7월 9일 – 첫 아이를 낳다
42   기간제 교사를 하며
47   나의 첫 번째 전시 – 자화상
52   엄마의 어깨 위에 남겨진 길
57   기차역
60   젊은 엄마와 딸
63   작은 소망

제2장
색의 언어, 마음의 일기
- 작업노트로 읽는 예술가의 내면

68	나의 작업에 관하여
70	색 공간에서의 행위와 조응
81	컬러 환타지
86	기다림
90	투명해지고 잠잠해지다
92	When blue meets pink
95	green to green
100	마음의 정원

제3장
여행과 시간 속에서, 색을 만나다
- 세계를 걷는 눈, 그리움을 그리는 손

106 봄날의 미풍은 오색 무지개
110 라스코
114 바스티유 오페라에서 만난 '모세와 아론'
118 카르카손, 시간을 걷다
124 파리의 공방에서
127 사건의 재구성
131 이탈리아에서 첫 전시 - 20년 만에 다시 찾은 로마
135 아프리카 여행, 분열과 생명의 대지에서
140 테레사와 까마귀
144 하늘의 커튼 아래서

제4장
사유의 빛, 존재의 색
- 기억, 관계, 그리고 다시 삶으로 돌아가는 길

- 150 죽음의 그림자, 태양의 빛
- 155 미술로 밥 벌어먹기
- 159 가짜 채식주의자의 유감
- 164 감사의 전시 인연
- 167 가을, 지금, 여기에 머무는 연습
- 172 내 나이 오십삼 세, 편애에서 나를 돌아보다
- 176 당신을 기다리며
- 180 바람이 매섭던 날
- 185 먹먹한 위로
- 187 샤갈, 나의 편견을 깨다
- 191 옆모습
- 195 허물고 다시 쌓으며
- 197 하인두, 하태임, 잊다, 잇다, 있다 - 그리운 이름

- 204 에필로그

Un Passage No.221055, 162×130cm, Acrylic on Canvas, 2022.

제1장

삶으로부터 그림이 시작 되다

– 탄생, 모성, 그리고 예술가의 서막

나의 첫 아침

    1990년 11월, 나는 고등학교 3학년 수업 일수를 모두 채우고 프랑스 남부 마르세이유 공항에 도착했다. 하숙집 주인 아저씨와 부인, 그리고 막내딸이 나를 마중 나와 있었다. 고등학교 1학년 때부터 프랑스 어학원을 다녔음에도 불구하고, 그들이 하는 말을 제대로 알아듣기 어려웠다. 나중에 불어가 익숙해지고 나서야 그 이유가 남부 특유의 강한 악쌍(Accent)때문이라는 걸 알게 되었다.

    마르세이유에서 차로 약 40분 거리, 엑상 프로방스(Aix-en-Provence)는 프랑스 남부 프로방스 지역의 주요 도시로, 기원전 123년 로마의 목욕 도시로 시작해 중세와 르네상스 시대를 거쳐 오늘날까지 역사의 층위가 겹겹이 쌓여 있는 도시이다. 오랜 비행 끝에 피곤했을 법도 한데, 차창 밖으로 펼쳐지는 낯선 풍경에 두려움 반, 설렘 반으로 긴장을 늦출 수 없었다. 엑스의 풍경은 도시 특유의 따스한 색감을 띠고 있었다. 황토색 석회암으로 지어진 건물들이 햇빛을 받아 도시 전체가 황금빛으로 빛났다.

우리 일행을 태운 르노 자동차는 구불구불한 옛 시가지를 지나 언덕길을 올라, 낮은 아파트 단지 앞에 멈췄다.

나는 이곳에서 세 식구와 함께 살게 되었다. 법대 2학년생 딸 제랄딘과 그녀의 부모인 뮤슈 싸트(Monsieur Sat), 마담 싸트(Madame Sat). 큰딸이 결혼해 집을 떠난 데다, 고등학교 교장인 아저씨가 타지로 전근을 가시게 되면서 생긴 공백을 채우고자, 모녀의 아이디어로 방을 내놓았다고 했다.

마담 싸트는 단정한 숏컷에 안경을 쓴, 큰 눈을 지닌 회계사였고, 1942년생인 나의 엄마와 동갑이었다. 그래서인지 더 정이 가고 다정다감하게 느껴졌다. 함께 한 첫 식사 자리. 나는 여섯 살부터 자발적인 채식주의자로, 고등학교에 와서야 겨우 달걀을 먹기 시작했는데, 그 첫날 저녁 식탁 위에는 앤초비 피자가 올랐다. 아무것도 먹지 못해 난처해하던 나를 바라보며 걱정스럽게 물어보던 프랑스 가족. "Je suis végétarienne(저는 채식주의자예요)"라고 말하며 얼굴이 새빨개졌던 동양 여자아이의 그 순간이 지금도 떠오른다.

내가 쓰게 된 방은 벽 한 면을 차지하는 큰 창문이 있는 아담한 공간이었다. 퀸사이즈 침대와 책상, 책장, 한 벽 전체가 벽장으로 채워져 있었다. 어두워진 창밖을 바라보다가 주인아저씨가 덧창(Volet) 여닫는 방법을 설명해 주셨다. 창 옆에 길게 매달린 막대를 한 손으로 잡고, 다른 손으로 핸들을 돌리면 나무로 된 롤 셔터가 '척척척' 소리를 내며 내려오는 방식이었다. 프랑스식 덧창 '볼레(Volet)'는 주로 창문 외부에 설치되는 덧문 또는 셔터로, 미적이면서도 기능적인 장치다. 나는 이 완벽하게 차단된 볼레의 방범성과 은둔감을 사랑하게 되었다. 이국적인 공간에서, 신기한 덧창을 바라보며 긴 여정의 피로를 안고 깊은 잠에 빠져들었다.

다음 날 아침, 나무판자 틈 사이로 가느다란 빛줄기가 실처럼 들어왔다. 어제 배운 대로 핸들을 돌려 덧창을 천천히 올리기 시작했다. 어두웠던 방 안에 따스한 햇살이 퍼지던 그 순간, 창밖을 보자 나도 모르게 탄성이 터져 나왔다.

창 너머 저 멀리 우뚝 솟은 산 하나 — 하얗게 빛나는 생트 빅투아르 산(Montagne Sainte-Victoire)이 눈 앞에 있었다. 수십 번 책에서 보아 왔고, 너무도 익숙한 이름. 화가 폴 세잔(Paul Cézanne)이 사랑해서 집요하게 반복해서 그렸던 바로 그 산. 엑상 프로

방스 동쪽에 위치한 이 서회암 산은 자연, 예술, 철학, 그리고 영성까지 아우르는 프랑스 남부의 아이콘이었다.

그 산은 그렇게, 내 프랑스에서 첫 아침을 열어주었다.

그 순간 가장 먼저 떠오른 사람은 아빠였다. 어릴 적부터 아빠는 늘 "세잔은 진짜 화가야"라고 하셨다. "세잔은 그리는 게 아니라 보는 법을 가르쳐줬다"라면서, 세잔의 그림책을 펼칠 때마다 한참을 조용히 바라보셨다. 생트 빅투아르 산을 주제로 한 그림 앞에서는 더 오래 시선을 고정시키셨다. 아빠는 그 산의 형태, 빛의 변화, 그리고 반복해서 그렸다는 세잔의 고집을 찬탄해 마지 않았다.

"너는 저 산의 단단함이 보이니?

보는 데 1년, 그리는 데 10년이 걸릴 수도 있어. 세잔은 그걸 해낸 사람이야."

나는 그때는 그냥 고개만 끄덕였지만, 지금 저 산을 눈앞에 두고 보니 그 말이 무엇인지 알 것 같았다. 산은 멀지만 가깝고, 무겁지만 투명했다. 그 어떤 감정도 섣불리 얹을 수 없게 만드는, 절대적인 침묵과 마주한 기분. 아빠가 이 자리에 함께 있었다면, 분명 말없이 산을 한참 바라보았을 것이다. 그리고 돌아서며 이렇게 말했겠지.

"이 산을 보면 세잔이 이해되지?"
그 말에 나는 이제야 조금 대답할 수 있을 것 같았다.

"응, 아빠. 조금은 알 것 같아. 왜 그토록 세잔을 좋아하셨는지."
그날 아침, 나는 작은 메모장을 꺼내 들고 창가에 앉았다. 아빠가 남긴 말들과 그 산의 빛, 공기의 투명함을 천천히 써 내려갔다. 그리고 마음속으로 말했다.

"여기서, 우리 다시 만나요. 언젠가."

동생 유기 사건

나는 2남 1녀 중 가운데 딸로 태어났다. 오빠와는 다섯 살 차이, 동생과는 연년생이다. 우리 엄마는 본인은 부인하시지만, 아들을 더 귀하게 여기셨다. 특히 막냇동생을 더욱.

8개월 만에 태어난 동생은 인큐베이터에서 지내다가 나왔다. 몸이 약해서 성격도 예민했던 동생을 엄마는 늘 열 살이 넘을 때까지 데리고 주무셨다. 나는 일하는 아줌마와 내 방에서 자야 해서 못마땅했고, 동생이 아주 눈엣가시였다.

동생은 내가 보기에도 너무 귀엽고 야물딱지게 생겨서 어른들의 사랑을 독차지했다. 그림도 나와는 비교할 수 없을 정도로 잘 그려, 엄마의 화가 친구들에게도 늘 부러움을 샀다.

사건의 무대는 방배동이다. 나는 방배동에서 초등학교 5학년까지 골목대장을 하며 잘 지냈다. 내 기준에선 아주 평온한 시절이었다. 동생만 없었다면, 더 평화로웠을 것이다.

나는 2월생이라 7살에 초등학교에 들어가, 학년으로는 동생과 2년 차이가 났다. 초등학교 1학년 무렵, 학교에서 돌아왔을 때 집 안 분위기가 이상했다. 동생이 유괴를 당한 것 같다고 식구들 모두 걱정을 하고 있었고, 아빠와 삼촌은 놀이터 쪽으로 뛰어나갔다.

당시 우리 엄마는 방배동에서 '남부미술학원'이라는, 유치부부터 고등부까지 있는 학원을 운영하고 계셨다. 학원에 다니던 한 학생이 엄마에게, 동생이 어떤 어른 손을 잡고 놀이터 쪽으로 가는 걸 봤다고 전한 모양이었다.

어른들은 사색이 되어 사방을 찾아다녔고, 그 광경을 보며 나는 생전 처음 기도 같은 걸 했던 것 같다.

"제발 동생이 그 아줌마 따라서 어디 가서 잘 살아줬으면 좋겠어요."

그런데 얼마 지나지 않아, 아무 탈 없이 태연한 얼굴로 동생이 돌아왔다. 어른들은 자초지종을 물었지만, 어린 동생은 영문도 모른 채 해맑기만 했다.

눈엣가시였던 동생이 사라졌어야 했는데… 나는 아주 은밀한

계획을 세웠다. 내가 아는 가장 먼 곳으로 동생을 데려가서, 그대로 두고 오는 것이었다.

계절이 언제였는지는 기억이 가물가물하지만, 하늘은 아주 맑았다. 내가 아는 '먼 곳'은 오빠랑 한 번 갔던 방배중학교였다. 유치원생이었던 동생은 거기까지는 가보지 않았을 것이다.

"아주 큰 놀이터가 있어. 그네도 타고, 시소도 타자."

나의 꼬임에 순진한 동생은 곧이곧대로 믿고 의심 없이 따라나섰다.

방배중학교까지 걸어가는 길, 나는 이상하게도 가슴이 벅찼다. 완전범죄를 꿈꾸며, '얘는 귀엽게 생겼으니 어디 가서도 잘 살겠지'라고 생각했다.

중학교 놀이터에서 조금 놀다가, 나는 "잠깐 화장실 다녀올게"라고 말하고 자리를 떴다. 동생을 유기하고 돌아오는 길은 말처럼 쉽지만은 않았다.

언덕을 내려와 다시 집이 있는 언덕을 오르는데, 어디선가 밥 짓는 냄새가 풍겨왔다. 갑자기 동생이 배가 고플 것 같다는 생각이 들었다. 콩콩콩 가슴이 두근거렸다.

밉기만 했던 얄미운 동생이 지금쯤 울고 있을 것만 같았다. 언덕을 채 오르기 전, 저 멀리 노을이 지고 있었다. 어둑해지는 하늘을 바라보며 나는 자꾸 동생의 얼굴을 떠올렸다. 혹시 정말 울고 있지는 않을까? 사람 좋은 어른이 데려가 버리면 어쩌지? 아니면 길을 잃고, 무서워서 어디 구석에 웅크리고 있는 건 아닐까?

결국 나는 다시 발걸음을 돌려 언덕을 내려갔다. 뛰는 심장을 진정시키며 방배중학교 쪽으로 빠르게 걸음을 옮겼다.

놀이터 입구에 다다랐을 때, 마치 시간이 멈춘 듯한 장면이 펼쳐졌다.

그네에 혼자 앉아 있는 아이. 팔을 다리 위에 올리고, 살짝 고개를 떨군 채 조용히 있었다. 울지도, 웃지도 않은 얼굴. 그저 멍하니 땅을 보고 있었다.

"범아" 내가 다가가며 불렀다. 동생은 천천히 고개를 들었다. 나를 본 순간, 반갑게 웃었다.

"누나, 왜 이렇게 늦었어?"

나는 말이 나오지 않았다. 그저 고개를 끄덕이고, 동생의 손을 잡았다. 작고 따뜻한 그 손이 내 손안에 고스란히 들어왔다.

집으로 돌아오는 길, 우리는 한마디도 하지 않았다. 그저 손을 꼭 잡고 걸었다.

그날 이후, 나는 한동안 동생을 미워하지 않았다. 물론 다시 싸우고, 질투하고, 얄밉게 느껴졌던 날들도 있었지만….

어릴 적 내 안의 잔인함과 따뜻함이 맞붙던 그날, 나는 아주 조금 누나다워졌다.

1999년 7월 9일 – 첫 아이를 낳다

나는 어제 파리 근교 생 모리스(Saint-Maurice) 병원에서 딸아이를 출산했다. 10시간에 이르는 진통 끝에 마주한, 생의 가장 낯선 순간이었다.

병원 병실의 3분의 1은 2인실, 나머지 3분의 2는 독실로 구성되어 있었는데, 운이 없게도 나는 2인실로 배정받았다. 출산을 마친 뒤 모든 처치가 끝난 후, 예쁘장한 간호사가 내게 물었다.

"마담, 혼자 걸어서 병실까지 가실 수 있습니까?"

"Madame, pouvez-vous lever et marcher jusqu'à votre chambre?"

말도 안 되는 소리라고 생각했다. 나는 일어나 앉는 것조차 불가능했다. 결국 이동식 침대에 실려 병실로 옮겨졌다.

그러나 더 믿기 어려운 사실은 보호자가 병원에 머무를 수 없다는 병원 규칙이었다. 자궁이 수축되며 몰려오는 후진통으로 몸부림치고 있는데 나 혼자였다. 병실에 도착한 지 몇 시간이 지나자, 간호사는 갓 태어난 아기를 내 머리맡에 내려놓고 몇 가지 주의사항만을 알려준 채 조용히 방을 나갔다.

저 빨갛고 꿈틀대는 살덩어리가, 조용한 '응애' 소리로 자신의 존재를 알렸다. 나는 마치 지구의 운명을 짊어진 사람처럼 겁에 질렸다. 혹시 안아서 젖을 물리다 떨어뜨리진 않을까? 잠든 사이 아이를 덮쳐 질식시키는 건 아닐까? 아이를 잘못 다루는 바람에 무슨 일이 생기지는 않을까?

출산의 고통은 끝나지 않았고, 내 불안은 시작되었다. 7월의 파리는 이상 기후로 숨이 막히게 더웠고, 병실엔 에어컨은 커녕 선풍기조차 없었다. 통증이 계속되는 가운데 찜통 같은 병실에서 모유 수유를 하고 있으니, 지옥이 따로 없었다.

끙끙 앓는 나를 보고 옆 침대에 있던 까트린느가 물었다.

"정말 그렇게 아프니?"

서양 여성들은 보통 아이를 낳고 스스로 링거를 끌며 병실에 들어온다. 그런 그녀가 밤새 신음하는 나를 보며 당황했던 모양이다.

보호자 면회 시간은 오후 1시부터 저녁 7시까지였다. 나의 엄마는 파리에 올 수 있는 상황이 아니었다. IMF를 겪으며 도장 하나 잘못 찍은 서류 탓에 경제적 난국에 빠져 있었고, 엄마가 반대한 결혼을 감행한 탓에 사이도 조금 서먹했다. 대한민국 전체가 IMF로 몸살을 앓던 시절, 환율은 천정부지로 치솟았고 송금액은 반으로 줄더니 결국 끊겨버렸다.

임신 기간 동안 예쁜 임부복 하나 사 입지 못했던 내가 떠올라 서글펐다. 남편의 멜빵바지를 접어 입고, 남편의 남방을 걸쳐야 했고, 한 치수 큰 운동화를 신고 다녔던 나는 출산 침대에 오르며 그 낡은 운동화를 힐끗 바라보았다. 다시 저 신발을 신을 수 있을까?

아이는 불안이 많은 초보 엄마에게 다행히도 정말 순했다. 3일 만에 퇴원하는 다른 산모들과 달리, 우리 순둥이는 황달 수치가 높아 입원 기간이 이틀 더 연장되었다. 그 사실을 의사에게서 듣는 순간, 나는 그 자리에서 울음을 터뜨렸다.

"너무 힘들어요. 집에 가고 싶어요. 모두 포기하고 싶어요."

지그시 나를 바라보던 중년의 의사는 옆에 있던 간호사에게 오늘 밤만큼은 아기를 대신 돌봐달라고 일렀다.

그날 밤, 병실의 창문을 활짝 열어두고 까트린느와 나는 나란히 앉아 창밖을 바라보았다. 그녀는 이번이 다섯 번째 출산이라며, 미소 띤 얼굴로 자신의 이야기들을 들려주었다. 어쩐지 면회 시간마다 열댓 살은 되어 보이는 아이부터 이제 막 걷기 시작한 듯한 아이들까지 줄줄이 들어오더니⋯. 십대 때 첫 아이를 낳고, 마흔을 넘긴 지금 다섯째를 품에 안았다는 그녀의 말에 나는 놀라움보다는 묘한 안도감을 느꼈다.

그 밤, 함께 내다 본 창밖의 어둠 속에, 누군가와 나눈 다정한 대화⋯. 그리고 아주 잠시라도 홀로 아이를 떠맡지 않아도 되는 시간이 참 고마웠다.

프랑스의 여름밤 낯선 병원에서 나는 엄마가 되는 일이 얼마나 고독한 길인지 처음으로 실감하고 있었다. 그리고 그 고독 속에서 멀리 떨어져 있는 나의 엄마가 사무치도록 그리워졌다.

기간제 교사를 하며

99년까지 파리에서 9년을 채우고 한국에 들어왔다. 아이는 아직 걷지도 못하고, 엄마 손이 한참 갈 때였다. 이런저런 아르바이트를 알아보던 중, 구리에 있는 한 초등학교에서 낸 기간제 미술교사 공고를 보게 되었다. 이력서를 준비하고 면접도 치렀다. 학부모회 어머니들이 교장선생님과 함께 면접을 주관했고, 질문도 많았으며 지원자도 20명이나 된다고 했다.

일주일쯤 지나 학교에서 연락이 왔다. 최종 합격자로 발표되었으니, 언제부터 수업을 시작할 수 있는지 알려달라는 내용이었다. 정말 기뻤다. 파리 보자르에 합격했던 날만큼이나 감격스러웠다.

양쪽 집안 모두 어려워진 상황이었다. 유학을 마치고도 얼마 버티지 못하고 귀국한 터였다. 그 당시 종전 시댁은 IMF의 타격으로 오갈 데 없는 신세가 되었고, 전 남편의 가족들까지 우리 엄마 댁 뒤편에 거처를 마련해 함께 들어오게 되었다. 모두 우리 엄마의 배려였다. 내가 아이를 키우는 데 시댁이 가까이 있으면 좋겠다고, 위로 아닌 위로를 건네시며 긍정적인 부분만 강조하셨다.

전 남편과 나, 둘 다 예술을 공부하고 돌아와 아직 자리를 잡지 못하고 방황하던 때였다. 얼마간이라도 고정 수입이 간절했던 시절이다.

초등학생 3~5학년 위주로 방과 후 미술 수업을 맡았는데, 말처럼 쉬운 일이 아니었다. 한 번에 20명이 넘는 아이들을 50분간 지도한다는 건 생각보다 훨씬 힘들었다. 정규 수업이 끝난 후라 아이들은 산만했고, 대부분은 집에 돌아가지 못해 억지로 수업에 남은 아이들이었다. 준비물을 꺼내고, 물감을 짜고, 화장실에서 물을 떠오다 흘리고 쏟고 미끄러지고…. 매번 아수라장이었다.

그래서 내가 마련한 대안은 양동이에 물을 담아 아이들에게 배급하고, 사용한 물은 모아 한꺼번에 버리는 방식이었다.

그렇게 주 2회 수업을 진행한 지 몇 주 지나지 않아, 수업 중

교장선생님이 교실에 들어왔다. 얼굴에 인상을 잔뜩 쓰고 아이들 앞에서 큰소리로 호통을 치기 시작했다. 나는 너무 놀라 어안이 벙벙했고, 처음엔 무슨 말씀하시는지도 몰랐다. 정신을 차리고 보니, 복도에 물이 쏟아져 있다고, 관리를 어떻게 하느냐는 질책이었다.

나를 조용히 불러 주의를 줘도 될 일을 굳이 아이들 앞에서 고함을 치다니….

얼굴이 화끈거리고 불쾌한 감정이 올라왔다. 얼굴이 빨개진 채로 대걸레를 들고 복도를 닦고 있는데, 교장선생님이 따라 나오셔서 또 한마디 하셨다. 언성이 높아지자, 옆 교실의 컴퓨터 선생님이 문을 열고 내다보았고, 급기야 양호실 담당 선생님이 나를 도와 함께 정리했다. 흐느끼는 나를 양호실로 데려가 달래주셨다.

이야기를 나누던 중, 양호실 선생님은 스승의 날이 이미 지났지만, 교장선생님께 선물을 드리는 것이 좋겠다고 조언했다. 기분이 묘했다. 스승의 날? 나의 스승도 아닌 분께 무엇을 상납하라는 건가?

알겠다고 말하고 양호실을 나섰지만, 마음은 씁쓸했다.

일주일이 지나, 나는 백화점에서 넥타이와 손수건을 샀다. 교장실 문을 두드리고 들어서던 그 어색한 기분은 지금도 생생하다. "제가 기간제 교사는 처음이라 운영 방법에 대해 많이 부족했습니다. 시정하겠습니다."라고 말문을 열었다. 남편 것을 사면서 하나 더 고르게 되었고, 색이 고와서 교장선생님께도 어울릴 것 같다고 말을 덧붙였다. 그러고는 선물을 건넸다. 그날 인상을 쓰고 교실로 들어섰던 교장의 얼굴은 온데간데없고, 부드러운 미소를 띤 얼굴로 나를 맞이하는 모습이 너무 이질적이라 오히려 더 싫었다.

   그렇게 마무리되나 싶었는데, 다음 주에 일이 터졌다. 경기도 교육청에 누군가 게시판에 글을 올린 것이다. 내용을 보면 마치 내가 당사자인 듯 묘사되어 있었고, 읽다 보면 내가 직접 고발한 것처럼 보였다. 수업 중 교감 선생님이 오셔서 면담을 요청하며 교육청 게시판의 글을 삭제해달라고 했다. 그제서야 나는 상황을 파악할 수 있었다. 글쓴이는 내가 아니었고, 억울했다. 하지만 한편으론, 자신을 드러내지 않고 나를 대신해 기간제 교사들이 겪는 서글픔과 한국 교육의 현실을 누군가가 짚어준 것 같아 속이 후련했다. 아직도 밝혀지지 않았지만, 아마 옆 교실의 컴퓨터 선생님이 아니었을까, 짐작만 할 뿐이다.

   결국 나는 3개월 약속을 지키지 못했다. 허리디스크로 인해 다리가 저리고, 오래 서 있기도 힘들어 병원 치료가 시급했기 때문이다.

26년간 온실 속 화초처럼 세상의 어려움 없이 지내다가, 양가의 경제적 어려움으로 처음 현실을 마주했을 때 느낀 막막함. 하지만 젊었기에, 기운이 있었기에, 결국 나는 그것도 이겨내고 지나올 수 있었던 것 같다.

나의 첫 번째 전시 – 자화상

인사동 종로갤러리에 엄마가 다녀오셨다. 내 포트폴리오를 들고 갤러리 대표를 만나고 오신 것이다. 30평 규모의 1층 전시장을 대관하러 가셨다가, 무료로 지하 1층 60평 공간까지 함께 써보라는 제안을 받으셨단다. "기왕 하는 전시, 더 크게 보여주자."라며 엄마는 기뻐하셨다.

어렵게 편입한 파리 에콜 데 보자르에서의 새로운 시작은 잠시 보류 중이었다. 어학연수 9개월과 3년간의 디종 국립미술학교에서의 유학 생활은 내 심신을 철저히 소진시켰다. 휴학 신청을 하러 파리 에꼴 데 보자르 사무실에 갔더니, 마담 피노는 350년 가까운 학교 역사상 휴학 신청 허가를 받은 첫 번째 학생이 나라고 말했다.

　그만큼 나의 상태는 심각했다. 불안 장애와 깊은 우울, 이유 없는 불신과 삶에 대한 회의 속에서 인생을 포기하고 싶은 충동이 거듭 밀려올 만큼 말이 아니었다.

　한국으로 돌아온 나는 아빠가 작업하시던 반지하 작업실에서 캔버스를 펼쳐놓고, 기괴하고 격렬한 자화상을 그리며 버티고 있었다. 작업이 막막해진 어느 날, 나는 손도끼를 들고 캔버스를 내려치기도 했다. 찢어진 캔버스와 싸우는 그런 나를 지켜보던 엄마가, 내 작업 파일을 들고 갤러리 문을 두드리신 것이다. 막 문을 연 지 얼마 되지 않은 전시장이었다.

　전시 일정이 잡히자, 목표가 생겼다.

"나는 누구인가."

　그 질문에서 시작된 내 마음의 심상을 자화상에 쏟아냈다.

　당시 나는 독일 표현주의와 이탈리아 트랜스 아방가르드에 깊이 빠져 있었다. 나의 심리 상태는 뒤틀린 얼굴과 격앙된 표정으로 화면 위에 드러났다. 찌그러지고 일그러진 자화상을 그리는 일은, 흩어진 내 자아를 다시 일으켜 세우는 과정이기도 했다. 억눌리고 주눅 들어 있던 내면이 조금씩 정돈되어 갔다.

물감과 물감이 만나며 생겨나는 경계의 순간들, 그 미세한 접점에서 짜릿한 희열을 느꼈다. 파랑과 노랑이 부딪히는 자리, 녹색과 빨강이 교차하는 부분에서 나는 생경함과 열정을 마주했다. 나를 다시 일으킨 것은 다름 아닌 색의 긴장감이었다.

그렇게 몇 달을 준비해 마침내 90평의 전시 공간을 채울 수 있었다. 전시가 열리고 신문에 소개 기사가 실리자, 프랑스 디종(Dijon)의 짙은 안개 속에 갇혀 있던 나의 어두운, 어린아이 같은 내면의 표정이 서서히 밝아지기 시작했다.

전시 기간 내내 비가 많이 내렸다. 인사동 골목 상점의 창문에 붙어 있던 전시 포스터를 보고 사람들이 찾아왔다. 나는 무모할 만큼 당차게, 낯선 이들과 스스럼없이 이야기를 나눴다.

첫 전시는 말 그대로 '나'를 응시하는 일이었다. 작업들의 대부분은 입이 없는 벙어리 같고, 슬픈 눈빛을 하고 있었다. 단지 색채만이 강렬한 보색 대비로 구성되어 있었다.

파리에서 돌아온 나의 상태는 삶의 이유도, 작업의 방향도 모두 잃은 상태였지만, 그림을 그리는 행위는 그 시기 내게 치료이자 나름의 투쟁이었다. 그림 속 뒤틀린 자화상들은 찢어진 내 내면의 조각들 같았다. 그렇게 신명 나게 한판 굿 풀이를 하듯, 나의 우울과 혼돈을 덜어낼 수 있었다. 고립되어 있던 감정의 방에서, 바깥세상과 연결된 창문 하나가 열리기 시작했다.

많은 분들이 전시장을 다녀갔고, 그중에는 부모님과 알고 지내시던 가나아트 갤러리의 이호재 회장님도 계셨다. 내 작품들 중 연두와 초록색으로 이어진 사면화를 구입하셨는데, 공교롭게도 그 작품은 한때 손도끼로 찢었던 그림이었다. 구멍이 난 캔버스를 엄마가 화방에 맡겨 말끔히 재건해 오신 것이다.

당시 10호 작품이 50만 원 정도였던 것 같은데, 그날 구매된 작품은 3.5미터의 크기의 상당히 대형 작업이었다. 가격을 미처 정하지도 못했고, 그렇게 큰 작품이 판매되리라고는 상상조차 하지 못했기에, 생애 처음으로 천만 원짜리 수표를 받아들었을 때의 감격은 지금도 생생하다.

그 신명 나는 굿 풀이 같았던 개인전을 마친 후, 나는 다시 파리로 돌아가 복학했다. 그런데 이상하게도, 보자르로 돌아간 후 자화상을 그릴 수 없었다.

그때부터 내 관심은 '문자'와 '언어'의 불구성에 쏠리기 시작했다. 소통을 전제로 만들어진 문자와 언어에도 분명한 한계가 있을 것이라는 생각이 들었다. 나는 화면 위에 문자 조각들을 나열하고 중첩시키고 확장시키는 작업을 이어 나갔다.

언어는 회화와는 또 다른 방식으로 감정과 의미를 전한다. 나는 화면 속에 알파벳과 한글을 쓰고, 지우고, 덧입히는 과정을 통해 내 안의 언어를 꺼내보려 했다. 그것은 더 이상 내 안에 머무는 자화상이 아니었다.

문자는 형태이자 내용이었고, 소리는 없지만 울림을 가졌으며, 읽히지 않아도 무언가를 전하는 기호였다. 말로는 전해지지 않는 감정들과 감당되지 않는 체험과 상처들, 그 모든 것을 문자와 색의 충돌로 표현하려 했다.

그렇게 작업의 주제는 '나'에서 '관계'로, '침묵'에서 '대화'로 천천히 이동했고, 나는 문자들을 조합한 회화 시리즈를 시작하게 되었다. 그 연작은 2년 후 '무제(Sans titre)'라는 제목으로 다시 전시장에 걸리게 된다.

엄마의 어깨 위에 남겨진 길

모녀….

엄마와 딸의 관계는 특별하다. 모임에서 돌아온 나를 현관에서 맞이하고 조르르 따라다니며 오늘 있었던 일을 묻기도 하고, 재잘거리는 우리 유담이가 사랑스럽다.

오늘 유담이가 나의 손때 묻은 사진첩에 담겨있는 사진들을 휴대폰으로 찍어 보내주었다.

"이땐 잘생긴 오빠 같아~ 왜 머리가 이렇게 짧았어? 엄마, 처녀 땐 말랐었구나? 헐~ 왜 이렇게 된 거야? 나 태어난 후에 살찐 거야? 이땐 엄마 힘들어 보이네?"

궁금한 게 많은 아이의 물음에 나는 미소로 응답한다.

나의 엄마가 원장이셨던 유치원에서, 엄마와 함께 춤을 추는 내 뒷모습이 찍힌 사진을 가리키며 새침하게 웃는 유담이.

그리고 보니 초등 시절 늘 숏컷으로 머리를 깎아 아들처럼 입히고 데리고 다니시던 엄마의 독특한 취향에 나는 우울하곤 했다. 그 트라우마로 대학을 가고부턴 머리를 자르지 않고 길게 고수했던 것 같다. 미소년처럼 보이는 나를 흡족하게 바라보시던 엄마의 이상한 미감이 나를 주눅 들게 했던 걸 엄마는 아실까?
 그래서인지 나는 내 아이가 등원할 때마다 머리를 묶고 손질하느라 진땀을 빼더라도, 긴 머리를 유지하게 했다.
 머리를 묶으며 아이의 정수리 냄새를 맡고, 살내음을 음미하는 그 시간이 내 모성 본능을 환기시키는 일종의 루틴이 되었다.

일하는 엄마로서, 항상 미안한 마음을 안고 산다. 엄마, 교수, 화가의 역할을 병행하며 매일 허덕이는 요즘이다.
 대학교 강의가 끝나면 부리나케 장흥 작업실로 향한다. 색을 올리고 마르기를 기다리는 틈틈이 아이와 통화를 하고, 친구 엄마들과도 연락을 주고받는다.

원격으로 잔소리하고도 마음이 놓이지 않지만, 믿는 수밖에 도리가 없다.

제한된 시간을 역할별로 나눠 살아내는 삶은 늘 숨이 가쁘다.

나의 엄마는 어떠셨을까. 생각해 보면 엄마의 삶도 나와 크게 다르지 않았다.

활동적이고 섬세한 성격의 엄마는 내가 상상할 수 없는 많은 일들을 해내셨다.

대학교수였던 화가인 아빠의 뒷바라지를 위해 방배동에서 대형 미술학원을 운영하셨고, 학원을 정리하신 후에는 여성 화가로 멋진 작품들을 완성하셨다.

아빠가 암 투병을 하실 때는, 3개월 시한부 진단을 받은 아빠의 곁을 지키며 3년이라는 시간을 붙잡으셨다.

엄마 나이 만 47세, 아빠가 세상을 떠나신 이후엔 홀로 삼 남매를 키우셨다.

그 시절, 나는 왜 엄마가 그렇게 강하고 단호했는지 이해하지 못했다.

하지만 지금의 내가 그 당시 엄마 나이에 가까워지고, 아이를 키우며 여러 역할을 병행해 보니 자꾸 그 시절 엄마의 표정이 떠오른다.

 엄마의 사진 속 얼굴이 어느새 내 얼굴과 겹쳐 보이기도 한다.

 엄마는 늘 완벽한 사람이라 생각했다. 하지만 이제 와 생각해 보니, 바쁜 와중에도 단단할 수 있었던 건 누군가에게 기대기보단 끝까지 책임질 수밖에 없었던 엄마의 입장 때문이었을 것이다.
 그것이 엄마만의 방식이자, 사랑이었던 것 같다.

 한때는 이해하지 못했던 엄마의 부재와 지쳐 보이던 눈빛이, 지금은 내가 아이에게 보내는 표정과 너무 닮아 있어 뜨끔할 때도 있다.
 그럴 때면 문득, 마음 깊은 곳에서 말 없는 사과가 올라온다.
 어렸던 나는 엄마가 짊어지고 있던 무게를 알지 못했고, 알 생각조차 하지 않았구나.

 엄마는 외롭고 고된 시간을 견디며 세 아이의 삶을 오롯이 끌어안고 계셨다.
 나는 자주 망설이고, 쉽게 지치고, 때로는 도망치고 싶어지지만, 엄마는 그러지 않으셨다.

그 자리에 묵묵히 서서, 아빠의 병실을 지키고, 학원을 운영하며 생계를 책임지고, 자신의 그림 또한 포기하지 않으셨다.

엄마는 삶을 예술처럼 살아냈다. 색을 고르고, 흐름을 놓치지 않으며, 때로는 실패를 받아들이고, 그러면서도 우리 삼 남매가 망가지지 않도록 자신의 모든 에너지를 내어주셨다.

지금 나는 그 예술의 잔상을 좇으며 살아가고 있다.
엄마가 걸어간 길이 이제는 내 길이 되고, 엄마의 어깨에 얹혀 있던 무게를 나도 어렴풋이 짐작할 수 있게 되었다.

기차역

 나는 살면서 참 많은 기차역에서 떠남과 도착을 반복하며 살아왔다. 종탑의 시계가 열두 번 울리면 마법이 풀릴 것만 같던 아름다운 파리 리옹역과 겨울 안개가 무겁게 쌓인 디종역, 우찬이를 낳고 혼자 훌쩍 떠났던 런던에서 해저터널을 지나 도착한 낯설고 살벌했던 파리 북역까지…

 그 많은 역들은 단지 목적지를 향한 중간 지점이 아니었다. 그곳엔 감정이 머물고 흔들리고, 때로는 떠나보내야만 했던 이야기들이 켜켜이 쌓여 있다. 기쁨과 설렘, 슬픔과 두려움, 이별과 시작… 기차역은 언제나 나의 작은 인생들을 품고 있었다.

이번 부산 전시도 마찬가지였다.

부산역 플랫폼에 서서 기차가 들어서는 방향을 향해 시선을 고정시킨다. 예전 내가 지나온 여러 도시의 플랫폼이 오버랩 된다. 앞으로 향할 계획보다, 지금 이곳에 남겨두고 가는 마음의 조각들이 자꾸 걸린다. 작업실에 급히 처리해야 할 일들이 생겨 전시가 끝나기도 전에 서둘러 올라가야 하지만 떠나는 마음은 어쩐지 허전했다.

전시 평도 좋고, 반응도 기대 이상이었지만 집으로 돌아가는 나는 어딘가 낯설다. 가슴 위엔 알 수 없는 무게가 얹혀 있고, 이따금 보내오는 누군가의 응원과 기대가 고맙지만, 문득문득 마음이 쓸쓸하다. 이건 대체 어떤 감정일까. 전시를 열어놓고 마주하는 공허함이 이번엔 더 또렷하고 깊게 밀려온다.

제주 협재의 아담한 2층 단독주택은 일 년 전부터 예약해 두었던 곳이다. 에어비앤비의 소개 사진에서 정원에 가득한 수국 사진이 무척 마음에 들었다. 정작 나는 이번 부산 개인전 일정과 겹쳐서 가지 못했고, 딸아이가 대신 제주 한달살이를 떠났다. 그 아이가 보내오는 사진과 목소리엔 햇살과 바다가 가득하다. 서핑을 배우고 있다고, 어제는 바다 위로 뛰어오르는 돌고래를 봤다고 조잘조잘 흘러나오는 그 말들 속에 정겨운 핑크색의 행복이 묻어난다.

    망망대해를 향해 서 있는 딸아이의 사진을 보고 있자니 어디론가 떠나고 싶다는 마음이 꿈틀거린다. 역에서 역으로, 도시에서 도시로 달리던 시절의 내가 아니라, 이번엔 바다 쪽으로 한없이 넓고 푸른 곳으로 그저 나를 던져두고 싶어진다.

젊은 엄마와 딸

한참을 기다린 판화 〈Un Passage n°194006〉가 드디어 완성되었다 하여 오늘 홍대 PS공방에 싸인을 하러 다녀왔다. 40번 넘는 판을 얹어 만들어내서 그런지 붓결이 유독 살아 있는 작품이었다. 그 종이 위에 조심스럽게 연필로 싸인을 하는데 기분이 묘하다.

프랑스 유학 시절, 22살 무렵. 1년간 휴학하고 한국에 들어왔던 해가 있었다. 그 시기 나는 홍익대학교 예술학과 수업을 청강하며, 홍대 옆 PS공방에서 박태식 선생님께 실크스크린과 석판화를 배웠다. 그 시절 나는 한국에서 미처 누리지 못한 대학 생활의 감성을 홍대 골목에서 마음껏 만끽하고 있었다.

싸인을 하고 있는 내 옆에서 챙겨주시던 박 선생님께서 문득 말씀하신다. "참 시간이 빨리 간다. 그때의 태임이 만한 딸을 데리고 왔네…" 그 한마디에 마음이 먹먹해졌다. 과거와 현재가 겹치고, 이십오 년 전의 공방 냄새가 지금 내 안에서 다시 피어오른다.

공방을 나서며, 근처에 있다는 사촌 동생 딥플로우 상구의 사무실에 들러 얼굴도장을 찍었다.

그림을 잘 그리던 녀석이 유명 래퍼가 되었다니 하얗고 순둥순둥했던 꼬맹이 상구의 모습이 오버랩된다. 방학이라 하루 종일 엄마와 함께 움직인 딸이 고맙고, 그 마음을 담아 꼭 안아주고 싶었다.

이왕 홍대에 온 김에, 박사과정 시절 단골이었던 가미우동 집에도 들렀다. 워낙 맛집이라 대기 시간이 길어 마음을 느긋이 비우고 기다리고 있는데, 내 앞에 줄 선 젊은 엄마와 다섯 살쯤 되어 보이는 딸의 대화가 귀에 들어왔다. 서로를 바라보는 눈빛, 오가는 말들에 저절로 미소가 번졌고, 어느새 나는 아이와 눈을 맞추며 말을 걸고 있었다.

자리로 안내받아 우동이 나오고, 젓가락으로 우동을 휘젓는 순간… 뜻밖에도 눈물이 뚝뚝 떨어졌다. 왜 그랬을까. 멋쟁이 엄마가 예쁘고 정갈한 딸과 함께 우동을 먹으러 와서 나누는 대화에 시선을 빼앗겼다가 그 정겨운 대화에 평온한 마음이 있는데 난 왜 그 순간 눈물을 쏟았을까…. 식당 안이라 딸이 놀라 물어도 입을 열지 못했다. 괜히 말을 꺼냈다간 더 큰 눈물 바람이 날 것 같아서.

식당을 나서며, 앞서 만났던 아이에게 "맛있게 먹었니? 잘 가렴" 인사를 건넸다. 골목으로 들어서자, 한낮의 뜨거운 햇살이 얼굴을 덮쳤고, 그제야 딸에게 털어놓았다.

"네가 저 아이만 할 땐… 엄마는 참 많은 게 무서웠고, 외로웠어. 작업도, 공부도, 학원 운영도… 너와 보내는 시간이 너무 아스라하고 희미했거든. 그래서 아까 젊은 엄마와 아이의 모습을 보니, 그때 우리 모습이 자꾸 겹쳐 보였어…"

딸은 조용히 내 옆에서 걸었다. 구름은 그날따라 기가 막히게 아름다웠지만, 내 마음엔 한줄기 이슬비가 조용히 내리고 있었다.

세상의 여자들,
엄마들,
딸들.
모두 그렇게 시간을 품고, 다시 걸음을 내딛는다.

작은 소망

아침부터 태풍이 온다고 했다. 창밖으로는 바람이 불어오고 하늘은 잔뜩 흐려 있었다. 혹시라도 날아갈 만한 것들이 있을까 염려되어, 남편이 마당을 한 바퀴 돌며 이것저것 치우고, 부직포와 위에 덮어둔 바크도 걷어내 물길을 만들었다. 나는 작업실 창가에 앉아 그 과정을 지켜보았다. 태풍이 큰 피해를 가져올까, 걱정했는데 몇 번 거센 바람이 몰아치더니 곧 잠잠해졌다. 지나고 나니 과잉 예방이었나 싶어 웃음이 났다. 물론 그 모든 수고는 남편의 몫이었지만.

바람이 잠잠해진 오후, 나는 작업대에 흙을 펼쳤다. 집에는 물레가 없으니, 오늘은 판작업 기법으로 큰 접시 세 개를 만들었다. 밀대가 없어 고심하다가, 결국 작업대 다리를 뽑아 밀대로 삼았다. 순간 '이가 없으면 잇몸으로 산다'라는 속담이 떠올라 피식 웃음이 났다. 갖춘 것이 없어도 흙을 만지는 순간은 충만했다. 오히려 부족한 도구 속에서 새로운 방법을 찾아내는 재미도 있었다. 무엇이 필요한지, 어떤 도구가 꼭 있어야 하는지 감이 잡히는 과정 또한 배움이었다.

도자기를 빚고 나면 손끝에 남는 감각이 오래간다. 흙이 물을 머금어 차갑고 묵직하게 느껴지다가, 점차 내 의지에 따라 형태를 갖춰가는 그 순간이 좋다. 도자기는 성급함을 허락하지 않는다. 흙의 결, 수분의 정도, 건조의 속도 하나하나가 모두 결과에 영향을 준다. 나는 그 느림 속에서 오히려 위안을 얻는다.

그래서 요즘은 자꾸 생각한다. 작업실이 아니어도, 집 한켠에서 흙을 만질 수 있다면 얼마나 좋을까. 작은 물레 하나와 소성할 수 있는 간이 가마가 있다면, 날씨나 일정에 구애받지 않고 집에서도 도자기를 이어갈 수 있을 텐데….

상상만으로도 마음이 부풀어 오른다.

태풍을 대비해 분주했던 아침이 무색하게, 저녁은 고요했다.

잠잠한 바람, 단정히 놓인 흙 접시 세 개, 그리고 마음속에 차오른 작은 소망.

언젠가 집에서도 자유롭게 흙을 만지고 나만의 도자기를 만들어낼 날이 오기를 꿈꾼다.

Un Passage No.221064, 200×250cm, Acrylic on Canvas, 2022.

제2장

색의 언어, 마음의 일기

- 작업노트로 읽는 예술가의 내면

나의 작업에 관하여

　나는 문자가 갖는 의미 소통의 특성을 좋아한다. 고대 시대부터 현재까지 세계 각국에 존재하는 수많은 언어들이 의미 전달의 수단으로 기호화된 문자, 상형이든 표음, 표의문자이든 간에 그 문자가 갖는 의미 전달이라는 본질에 나는 매력을 느꼈다. 하지만 문맹들에게는 문자가 '하나의 인상'에 불과하다. 나는 이런 '읽을 수 없음'이란 사고가 나에게 피할 수 없는 방법을 동반하게 하였는데 먼저 소인(OBLITERATION)과 정상성의 제시(NORMALITE)이다. '소인'이란 지워버리는 표시, 또는 재사용의 금지로 도장을 찍는다는 뜻인데, 그 전에 존재하던 하나의 이미지를 문자의 등장으로 지워버리는 결과를 유도한다. 즉 지운다는 것은 다른 어떤 것의 등장으로 덧칠되어 덮어진다를 뜻한다 할 수 있겠다. 동시에 어릴 적에 좋아하던 '걸리버의 모험'을 읽고 체험해 보았던 감성의 간접경험처럼, 문자의 확대 구성으로 일상의 경험이 파괴됨으로 갖게 되는 정상성의 제세가 '읽을 수 없음'의 요구를 대신한다. 나의 작업에서 또 다른 의미는 분산(DISPERSION)에서 찾아본다. 문자의 크기가 확대-축소됨에 따라 문자들 간의 간격은 그만큼 변동(분산)이 된다. 그래서 소인 찍힌 문자들은 확대되어 주어진 화면에서 잘려지게 되고 읽을 수 없는 새로운 이미지가 되어 버린다. 문자들이 확대되어 읽혀지거나 읽혀지지 않는 형상이 되는 것은 복합구조, 즉 여러 번 겹치는 효과를 통해 문자 하나하나가 개별성을 상실하고 다른 하나의 이미지로 태어남과 상통한다. 확대되어 설정된 화면 안에 다 채워지지 않는 그것들은 다른 공간으로 이동하는, 그래서 나의 공간은 잠시 체류하다 지나가는 통로로서 존재하는 느낌을 갖게 하고, 마치 석화된 것처럼 커다랗고 얇은 아쁠라(APLAT)들은 구조화와 공간화의 기능을 한다. 나의 작업에서 이루어지는 많은 선택과 포기가 하나의 화면 안에 새로운 종합으로 나타나길 희망한다.

2000 작업 노트

색 공간에서의 행위와 조응

2007년 박사학위 청구전 도록

색

현대사회를 '컬러시대'라고 지칭하는 것처럼 현대사회에서 색채가 가지는 중요성은 개인생활영역과 생산, 유통과 소비에 관련된 마케팅의 전분야에 활용됨은 물론이고, 하나의 사회영역을 넘어서 전 지구적 현상으로 증명된다.

미술사에서 데생과 색채 사이에서 우위를 주장하는 논쟁은 계속되어 왔지만, 어쨌든 색채는 현대 회화의 초기에, 그리고 현대 회화 발달의 중요한 단계마다 화가들의 심중에서나 실제로 작업하는 과정에서나 엄중한 지위를 차지했다.

1796년 실러(Fridrich Shiller)에게 보내는 편지에서 색에 대한 자신의 이론을 개진한 괴테(J.W.V Goethe)는 그의 글에서 색채론이란 '시간의 세계, 형태와 색으로 완전히 형성된 세계'에 대해 논해야 함을 지적한다. 그리고 '자연은 색채를 통해서 시각에 자기의 모습을 드러낸다'고 덧붙인다. 그의 색채론이 세계를 주관적으로 인식하고 있음을 볼 수 있다.[1)]

색=표현, 질료에서 정신으로의 전환은 시와 소설에서 발달한 상징주의적 경향, 낭만주의, 그리고 독일의 이상주의와 밀접한 관계를 맺고 있으며, 이러한 사조로부터 모방의 전통적 기능에서 벗어나 색채는, 마치 추상적 언어처럼, 자기자신만의 자율적 언어로 구축할 수 있게되었다. 그로부터 색채가 자연 현상과 무관한 자신의 고유한 내적 법칙만을 추구하는 것을 알 수 있다.

색채의 무수한 교차와 중첩은 그리는 자, 행위 하는 자의 미묘한 심리에 접근한다. 고유한 순색들은 색소에 불과하지만 망

막을 통해 뇌까지 전달되는 신경에 각자의 고유한 기억이나 경험을 통해 데이터화 되었다. 이 기억들은 무의식적으로 또는 잠재적인 어떤 이미지들을 결합시켜 놓았다. 이것은 색채를 보며 떠올리는 기억이나 느낌, 인상들이 각자 다르다는 사실을 염두에 둔다면 쉽게 이해할 수 있다.

회화에 내포된 무의식적인 측면과 그에 대한 상징적 차원의 분석에 관심을 가지게 되었으며. 이러한 과정에서 색채와의 관계는 가장 중요한 문제가 된다. 왜냐하면 다른 구성요소와는 달리 색채는 불합리한(irrationnel) 요소와 존재론적(ontologique) 요소를 동시에 지니고 있기 때문이다.[2]

기호와 문자로 소통되는 언어의 영역과 시각과 감성을 통해 전달되는 감동의 파장에 관해 고려해 볼 때, 본인에게 색채란 전통의 틀에 고정된 구조의 극복이자 나아가 억압으로부터의 구원을 뜻한다. 이러한 의미에서 색을 고르는 일이란 즐거움인 동시에 억제되었던 욕구의 해방이다.

제스처-말소적 의미

20세기 초부터 중요한 회화운동의 이면에는 행위(l'agir)에 대한 문제가 강조되었으며 동시에 논란이 되어왔다. 바로 이러한 행위 중심적 방식으로 작업에 임함으로써 작가의 공간과 시간에 대한 관계는 변화된다.[3]

잭슨 폴록에게 있어서 신체와 행위의 반복은 무의식의 세계를 길어올려 그것을 화면에 쏟아놓는 영매와 같은 것이었다면,[4] 본인에게 있어서 지우는 행위의 반복, 즉 제스처는 의식적인 부정의 행위인 것이다. 이미지가 자신을 읽히게 하려는 소통의 역할을 지우는 행위의 반복을 통해 이러한 이미지를 사살시키며 지우는 행위의 반복을 거듭하며 그 나름의 조합을 이루는 것, 어쩌면 몸의 움직임이나 물질의 본성을 주시하는 일이란 형태를 묘사하며 이미지를 창출하는 일과 본질적으로 다른 것은 아니다.

캔버스는 지우는 행위에 의해 탄생되는 이미지의 무한의 장으로 규정되며, 화폭은 작가의 움직임에 의해 물감자국으로 덮어지는 추상적이며 자율적인 실재 공간이 된다.

그것은 생각하고 구성하며 화면에 신체를 부어 넣는 일, 즉 모든 이의 신체기능이 다르듯, 그리는 자의 필력과 순간의 구성

선택과 같은 미적 구조의 일관성 속에서 이루어진다.

표현방식의 또 한 특징은 다양한 원색으로 이루어진 근간의 화면 위를 지나가는 중복과 병치를 통해 구현되는 제스처들의 집합체로서의 화폭이라 할 수 있다.

그런데 이 순차적으로 보이는 행위의 표현과 무의식, 혹은 의식적인 몸놀림으로써의 행위는 자기 자신이 주체가 되어 행하는 적극적인 사상의 표현에 다름 아니다.

이와 같이 작가의 행위는 현대미술에 있어서 명확하게 의도된 무심으로 나아가기 위한 또 하나의 적극적인 방법론이 될 수 있음을 역설한다.

작가의 작업에서 제스처(행위)는 자기창조, 자기한정, 또는 자기초월과 밀접히 연관해 있으며 제스처는 넓게 뻗은 팔 길이만한 필력에 의해 충돌 점에서 빚어지는 물성화된 속도와 에너지 자체이며, 표현행위는 부단한 정신적 긴장에 의한 논리 그 자체이다. 이러한 행위 중심적 방식으로 작업에 임함으로써 작가와 공간, 그리고 시간에 대한 관계가 변화하게 되었다.

차이와 반복

Diferentia - '차이'를 뜻하는 라틴어 - 차이란 하나의 단일한 존재를 정의해주고 또한 여타 다른 것과 시원적인 것으로 구분되는 것으로 하나의 관계이기도 하며 내재적인 특성이기도 하다. 데리다, 들뢰즈, 하이데거 등의 현대 철학자들이 주목하는 차이의 개념도 내재적인 특성의 관점에서 본 차이이다. 차이는 차이 나는 것에 차이 나는 것을 관계짓되 동일한 것, 유사한 것, 유비적이거나 대립적인 것에 의한 어떠한 매개도 없이 관계지어야 한다.

표출이 아니라 숨기며 지우는 작업을 필두로 반복과 차이를 통해 보여지는 일련의 작업들이 시작되었다. 반복한다는 것은 움직인다는 것이며 이 운동성은 살아있음을 의미한다. 반복은 차이를 절대적으로 요구하는 변화됨을 의미한다.

반복한다는 것은 행동한다는 것이다. 그리고 살아 있다는 것이다. 그러나 그것은 유사한 것도 등가적인 것도 갖지 않은 어떤 유일무이하고 고유한 것과 관계하면서 행동한다는 것이다. 그리고 외적인 행동에 해당하는 이 반복은 그 자체로 아마 심층적이고 내면적인 어떤 반복의 반향, 다시 말해서 그것에 생명을 불어 넣어주는 단독자 안에서 일어나는 반복의 반향이다.[5]

들뢰즈는 차이는 모든 것의 배후에 있지만 차이의 배후에는 아무것도 없으며, 반복은 동일한 것의 반복이 아니라 차이의 반복이라고 말한다. 또한 세계의 원리로서의 차이의 반복은 이미 모든 변형 속에 현재하며, 그것이 다시 돌아오게 하는 것과 동시적이다. 그러므로 모든 것은 차이의 반복을 통해서 언제나 변화하고 생성되는 것이며, 이 생성의 연속적인 과정에서 한 순간의 '사건'으로 발생할 때 지금 '여기'에 현존하며 그래서 보여지게 된다.[6]

반복의 철학적 기원은 니체의 '영원 회귀'로 거슬러 올라간다. 반복이란 니체의 영원 회귀에 대한 들뢰즈의 해석이라고 할 수 있다. 여기서 중요한 것은 모든 것이 되돌아 오는 것이 아니라는 사실과 되돌아 오는 행위가 동일성이 아니라 차이를 위해서 이루어 진다는 것이다.[7]

리드미컬한 것은 차이이지 반복이 아니라는 들뢰즈의 생각은 반복에 대한 새로운 해석에서 연유한다.

'반복'(말소적 형태)은 일상적인 생활의 의미와 인간의 가치관을 드러내주는데도 중요한 역할을 한다. 화면 전체에 꽉 들어찬, 시작도 끝도 없는 반복은 전체적으로 인지하는 과정에서 순환의 개념을 연상하게 된다. 우주 내에서의 모든 변화가 생성과 성장 그리고 소멸의 과정에서 순환하며 이루어지는 것과 같이, 인간의 삶에 있어서도 그 과징은 예외가 아니다. 크게는 기존의 가치관이나 전통이 소멸되고 새로운 가치관이 대두되는 현상, 주변 환경을 구성하던 요소들이 지워지고 다시 생기는 현상, 그리고 작게는 한 개인이 성장해가는 과정, 그리고 사고의 변화 등이 모두 생성, 성장, 소멸이라는 원리에 귀속된다. 즉 반복은 일상적인 삶 속에서의 순환의 과정을 의미하는 것이다. 또한 작품을 제작하는 과정 역시 이 반복이라는 삶의 논리를 떠날 수 없다.

차이와 반복을 통한 색채의 조화

　색과 형태의 결합이 만들어 내는 미적 체험은 단지 생리적 현상에 지나지 않는 것인가? 어떻게 이 의미를 알 수 없는 색소 덩어리들이 인간의 감정을 자극하는가? 본인의 작품은 회화의 가장 기본 구성 요소인 색과 형태가 전달하고자하는, 눈에 보이지 않는 그 무엇에 대한 고민에서 출발한다. 그런데 아이러니하게도 본인이 표현하고자하는 '그 무엇'은 그리기가 아닌 지우는 행위를 통해 전달되고 있다. 연속된 붓질은 과감하게 이전 이미지와 색상을 덮어 버리고 종국엔 그 흔적조차 희미하게 만든다. 그림이란 그리기가 아닌 지우기를 통해 완성된다는 역발상에 대해 생각한다.

니의 작품에서는 유사한 성질의 제스처의 반복들이 색채와 덧칠하기 등의 상호관계에 의해서 시각적 움직임의 요소로서 작용하고 있다. 동일한 형식의 구성에 반복되면서 시선이 이동한다. 그리고 상대적으로 동적인 느낌을 주게하여 리듬이 생겨나며 시각적으로 힘의 강약 효과를 생각할 수 있게 해준다.

작업의 핵심은 조화에 있다. 이 조화란 감추어진 색채와 드러난 색채들이 만들어내는 조화를 의미하며, 화면에 병치된 붓질의 다양한 패턴은 화면에서 구조적 형상으로 나타난다. 이것의 발단은 가시적인 색채가 비가시적인 어떤 인상에 다다를 수 있다는 관념을 기초로 시작되었으며, 본인의 작업에 나타나는 여러 양상들의 공통점은 지우기라는 붓질의 의미와 함께 행위의 반복이 이끌어내는 형상들의 구조화에 있다.

지우기라는 붓질의 의미는 소통의 불가능성, 즉 불완전성에 대한 고찰로부터 비롯된 중요한 모티브라고 할 수 있다.

최근 작업에서의 나름대로 의미를 찾는다면 색채의 반복을 통해 구축되는 화면을 만났다는 점이다. 이전의 작업에서는 지우기의 행위에만 집착을 했던 반면에 화려한 색은 엄격한 선택으로만 제한했다.

그러나 색채에 대한 자발적인 선택은 교육이나 학습으로 이루어지는 것이 아니라 그리는 작가 그 자체일 수밖에 없지 않을까? 예를 들어 노랑의 색을 떠올려 보자. 타인과 내가 떠올리는 노랑의 채도와 명도가 동일한 것일까? 그것에는 노랑의 뉘앙스, 즉 무수한 노랑의 색조만이 있을 뿐이다. 얼마나 밝은 노랑이냐 맑은 노랑이냐는 교육이나 학습에 의해서는 결코 얻어질 수 없다.

색은 그리는 자의 본질이다. 나의 작업에서 색은 심리적 상태를 있는 그대로 천명해주는 하나하나의 생명을 지닌 생명체이자 원형질이다. 각각의 생명체인 이 색채들이 어떻게 각각의 캔버스에서 스스로 소리를 내고 호흡을 하느냐는 다른 색채들과의 관계와 조응에 의해 형성된다.

따라서 나의 작업에서는 형식을 달리한 빠른 호흡과 느린 호흡, 그리고 공간의 확대와 축소에 의해 다르게 반응되는 살아내는 색채들의 이야기라 할 수 있다.

내가 꿈꾸고 있는, 흔들리며 자생하는, 언어로는 풀 수 없는,

그래서 개개인의 인상으로 귀결되는 색채 이야기를 좀더 자유롭게 꾸려보고 싶을 뿐이다.

2007, 작업 노트

참고문헌

1) 길라 발라스, 한택수 역, 「현대미술과 색채」, 궁리, 2002.
2) 장뤽다발, 홍승혜 역「추상미술의역사」, 미진사, 1990.
3) 장뤽다발, 홍승혜 역, 앞의 책.
4) 윤난지 외 「한국추상미술 40년」, 도서출판 재원, 1997.
5) 질 들뢰즈, 김상환 역, 「차이와 반복」, 민음사, 2004.
6) 질 들뢰즈, 김상환 역, 앞의 책.
7) 서동욱, 「차이와 타자」, 문학과 지성사, 2000.

컬러 환타지

호림아트센터 서울옥션 개인전 카탈로그

  누구나 한 번쯤은 언어의 백 가지 표현보다 누군가의 표정이나 어떤 인상적인 장면으로 언어를 능가하는 소통을 경험한 적이 있을 것이다.

  나에게 색이란 음악에서 다양한 높낮이를 가지고 있는 음표들이 하나의 곡을 완성해 가듯 색들의 반복과 차이를 통해 펼쳐지는 하나의 노래이며 미지의 세계로 향에 열려있는 '문'이자 '통로'이다. 나의 작업에서의 컬러밴드(색띠)들은 신체의 '그리다'를 수행시키는, 반복적인 행위를 통해 만들어지는 단순명시적인 형태이며 최소한의 단위요소이다. 이 컬러밴드들은 상호 '마주보기', '등 돌림', '같은 곳을 바라보기', '교차하기', '어긋남'을 통해 다양한 파장과 멜로디를 보여준다.

반투명한 또는 덧칠해져서 불투명한, 교차하고 중첩되면서 만들어진 색 띠들은 소리를 들을 수 없는 상태로 오로지 '시감각'에 의해서만 느껴지는 컬러 판타지(색 환상곡)를 만들어낸다.

반복의 기능, 절제된 선 긋기의 행위가 끊임없이 축적되어 가며 때로는 모차르트와 같이 때로는 슈만의 피아노 선율같이 유동하며 화면에서 보이지 않는 상상의 캔버스 프레임 밖의 영역까지 확장되어 움직인다. 공간을 부유하며 움직이는 선율을 캔버스 영역으로 찍어낸 것처럼 말이다.

나의 컬러밴드의 출현과 소멸의 언어는 '소거'의 형태로도 보여진다. 그려지고 덮어지며 중첩되어 공간 이전의 공간에 묻혀가듯 소거와 말소의 양상이 나타난다. 형식 이전에 색에 대한 영감과 기억을 기다린다. '노랑'은 빛이다. 찬란한 기억과 치유의 에너지, 혹은 아이디어의 원천으로 다가온다. '연두(Yellow Green)'는 초여름의 싱싱함, 그리고 휴식과 정신적 평화로 감지된다. "하양(White)'은 역사적으로 천상의 순결함의 의미인 동시에 슬픔과 고독으로 해석되어왔다. 이러한 색에 관한 역사적 색채학적 관념을 떠나 나에겐 색이란 기억으로 규정된다. 나의 시각적 경험이 축적되어 한 그림을 그릴 때 까지 농축된 패턴들이 배열

되고 늘어서는 것이다. 색과 색의 만남은 결국 걸러내는 작가의 몸과 기억이 통로가 되어 자신만의 '색경험'으로 남게 되는 것이 아닐까 ….

2015 작업 노트

Un Passage No.221066, 130×162cm, Acrylic on Canvas, 2022.

Un Passage No.231030, 162×227cm, Acrylic on Canvas, 2023.

기다림

〈월간 에세이〉 2017년 10월호

  숨이 막힐 듯한 뜨거운 여름이 지나고 산과 들에 색채가 넘실거리는 계절이 성큼 다가왔다. 내게 지난 여름은 인내와 기다림의 시간이었다. 오랫동안 고대하던 갤러리에서 3주간의 개인전을 6월에 마치고 심신은 무척 지쳐있었다. 작업의 특성상 허리를 굽히고 팔을 어깨 위로 쭈욱 뻗어 붓질의 반복을 거듭해야 하기에 어깨가 숟가락도 들 수 없을 정도로 망가졌다. 이미 9개월째 고통스러운 치료를 받아왔고 무너진 건강을 회복하기 위해 많은 시간을 치료와 재활에 할애해야만 했다. 몸과 마음은 하나인지 몸이 쇠약해지니 마음 또한 더불어 갈피를 잡지 못했다.

화가에게 개인전이란 작품의 출산 과정을 되새겨 보며 '자문자답'하는 시간인 것 같다. 많은 사람들이 다녀가고 서로 다른 감상평을 들려준다. 그런 과정이 혼자 작업실에서 작업하는 작가들에겐 매우 귀한 시간이다. 공공장소에서 작업과 독대하면 작업실에서 보이지 않던 것들이 내게 말을 건넨다. 아쉬움과 미련도 있지만 새로운 작업의 발상으로 각오를 새롭게 하고 마음을 재정비하는 시간이기도 하다. 그래서 늘 전시를 마치면 새로운 각오와 들뜬 마음으로 캔버스를 펼친다. 어김없이 이번 전시 후에도 새하얀 크림 같은 젯소(gesso)로 미끄러질 듯 매끄러운 화폭을 준비하고 전시를 통해 얻은 여러 가지 생각을 다채로운 색띠로 온전히 올리고 싶었다.

그러나 그림을 그리는 나의 본업과 관계없는 프로젝트로 작업실을 두달간 갈 수 없었다. 마치 실향민과 같은 부유하는 그리움이 나를 에워싸고 건강은 더욱 악화되었다. 모든 일에는 속도와 쉼이 필요한 것 같다. 줄기차게 달려온 나에게 병이 깊어지고 전시 후에 쉴 틈 조차 허락되지 않는 상황에서 작업실은 내게 유토피아 같이 그리움의 대상이 된 것이다.

숨 가쁜 여름이 지나고 프로젝트도 무사히 끝난 후, 나무의 그림자가 유난히 길게 느껴지는 해 질 녘에 작업실 문을 열었다.

알싸한 물감 냄새가 진동하는 고요한 작업실에서 깊은숨을 내쉬고 반짝이는 새하얀 캔버스를 손바닥으로 쓸어 본다. 한참을 빈 캔버스를 응시하며 상상의 붓질을 한바탕 해본다. 굳어가던 심장이 콩콩 빨라지고 긴 기다림 끝에 해후한 연인처럼 먹먹한 심정으로 그렇게 밤을 맞이했다.

나의 작업은 마치 기다림의 스펙트럼과 같다. 내가 추구하는 맑고 밝은색을 표현하기 위해 물감에 용매제를 섞어 붓질을 한다. 단순한 곡면 색띠를 표현하기 위해 묽게 섞인 물감으로 선을 한번 긋는다. 2시간 정도 말린 후 그 똑같은 물감과 붓으로 이전의 붓질 위에 같은 궤도의 붓질을 한다. 이렇게 수차례 반복된 붓질은 원하는 색감이 나올 때 비로소 완성된다. 하나의 색띠가 완성되기 전엔 다른 붓질을 할 수 없다. 그래서 나의 작업실은 지나다닐 폭만큼만 남긴 채 눕혀진 캔버스가 여러 개 펼쳐져 있다. 물감이 빨리 마를수록 그림 완성이 빨라진다. 마감이 임박한 상황에서는 이렇게 기다림이 필수인 작업 특성이 매우 초조할 수밖에 없다.

그러고 보니 핸드폰과 SNS 등, 빠른 소통이 일반화된 현대 생활에 이미 익숙해진 걸까?

그리기와 기다림의 틈새들이 총합인 작업인데 나는 늘 초조하다. 핸드폰이 없던 시절도 겪었는데 우린 기다림에 마음이 불편한 지경에 이르렀다.

초등학교 5학년 2학기에 전학을 가야 했던 나는 옛 학교 친구들과 손 편지를 주고받았다.

예쁜 편지지에 꼭꼭 눌러 안부를 전하고 친구들의 답장을 손꼽아 기다렸다. 기다릴 때의 달달한 마음이란…. 기다림 끝에 받은 친구의 편지를 들고 우정을 확인했었던 기억이 떠올라 흐뭇하다. 그러나 우리는 현재 너무도 빨라지고 편리해진 세상에서 답신을 늦게 받을 때 종종 우정을 가늠하는 잣대로도 생각하고 상대의 상황을 왜곡하기도 한다.

그리기와 말리는 과정이 켜켜이 쌓인, 기다림의 중첩으로 내 작업을 엮어내는 것처럼 내 삶의 현장에서도 좀 여유로움을 적용하고 싶다. 한 획의 붓질 위에 다른 획을 긋기까지의 기다리는 시간은 담담하고 청아한 색으로 익어가기를 바라는 희망이 전제된다는 것을 마음에 새겨본다.

2017 작업 노트

투명해지고 잠잠해지다

　열정만 있으면 될 줄 알았다. 이에 부지런함이 더하면 무언가에 다다를 수 있을 줄 알았다.
　부지런히 작업하고 정직한 원색으로 나를 표현하면 괜찮은 줄 알았다.
　본의 아니게 여러 해를 아팠다. 육체적·정신적으로 나는 낭떠러지에 서 있는 느낌이었다. 땅의 뿌리에 가깝게 몇 걸음을 옮겨 들어서긴 했지만, 혼란스러운 마음이 사라지지 않는다.
　나를 합리화하고 생각을 정리하고 유리벽 안에 나를 가두어 놓는 불면의 날들이 계속되었다.
　그림을 한다는 것은 매일의 일기를 쓰듯 물감을 올리고 내 자신을 들여다보는 일이다.

나에게 그린다는 것은 무엇일까.

십여 년을 휘어진 곡면의 색띠만을 그린다. 그것들을 모으기도 하고 흐트러뜨리기도 하고 단순한 형태의 색띠만으로 화면을 구성하지만, 선택의 기로에서 색의 다채로움 앞에 안절부절이다.

색을 부각시키기 위해 형태가 단순해진 걸까. 총체적 색 집합체로 색 덩어리들을 무리 지어본다. 호흡을 하듯, 밥을 먹듯 휘어진 색띠들은 여리고 위태위태한 진동을 가지고 올려지고 덮혀지고 그렇게 자신을 드러낸다.

잡힐 듯 잡히지 않는 내면의 풍경들이 캔버스에 펼쳐진다.

좋아했던 교향곡이나 오페라의 절정도 잠시 뒤켠으로 몰았다. 그들과 비교해서 단조로운 피아노소나타에 마음이 간다. 그래서 결국 내가 다다르고 싶은 평온하고 잔잔한 앤딩으로 막을 내린다. 내 마음의 풍경이 이러하니 작업에서 선택하는 색조도 투명해지고 잠잠해졌다.

일렁이는 파고가 낮아지고 물결을 바라본다.

어디로 무엇을 향해 갈지 모르는 '나'도 나다. 잠시 숨을 고르고 색의 겹침과 틈새의 공간에서 붓결을 마주한다.

2017 작업 노트

When blue meets pink

가나아트 나인원 개인전

블루가 핑크를 만나면…

블루가 핑크를 만나면 무슨 일이 벌어질까? 인간이 색을 구분하고 식별할 수 있는 것은 축복이라고 생각한다. 수년간 다채로운 색띠를 화면에 유영시켰다. 흐르는 물고기와 같이, 때로는 우주에 일정한 궤도를 그리는 별과 같이, 몸을 축으로 쭉 뻗는 팔 끝으로 색실을 줄줄 뽑아냈다. 어떤 색 위로 다른 색을 중첩시켰을 때 만들어지는 또 다른 '색공간'에 온 신경을 주목하고 색과 색의 만남과 중첩을 끊임없이 반복했다. 전혀 다른 존재인 색과 색이 만나면 어떤 일이 벌어진다. 때론 긴장되고, 어느 지점에서는 행복하고 그리고 어느 순간에는 애절하기도 하다. 각각의 화면에는 가사가 없는 클래식 음악처럼 색의 선율이 흘러넘친다. 색은 상징적 역사적 의미를 뛰어넘어 개인의 역사와 관계되어 있다. 타인에게는 처절할 수도 있는 기억의 색이 나에게는 위로의 색이 된다. 각자의 경험에서 색에 대한 인상이 결정되었을 것이다.

나에게 블루는 그리움이다. 꿈과 이상을 향한 호기심이며 미지의 곳을 여행할 때 느끼는 설렘이다. 너무 높은 이상을 향한 고독한 색이기도 하다. 흔히 우울함을 표현하는 단어이기도 하지만 나에겐 깊고 푸른 하늘과 바다, 뜨거운 여름 짙은 초록색 사이에 얼굴을 내미는 달개비 꽃과 같이 청량감을 주는 희망의 색이다.

핑크는 화해와 너그러움의 색이다. 깊고 쓸쓸한 겨울을 살아내게 한 핑크는 따스하다. 꽁꽁 얼어붙은 마음을 녹여버리는 다시금 시간을 돌아보게 하는 색이다. 대부분의 여자들이 사춘기에 이르면 유년기에 사랑해 마지않던 핑크를 유치하고 여성성을 드러내는 색이라고 외면하게 된다. 하지만 인생의 거친 풍랑을 지나고 내면을 마주하고서야 만난 자신의 비뚤어진 고집스러움에 용서를 구하는 색이다.

위의 두 색, 블루와 핑크가 나에겐 그랬다.

수많은 색들의 각각의 아름다움을 어떻게 담아낼 수 있을까? 색과 색의 만남에 주목하기 위해 단순한 '만곡의 띠'만 고집해왔다. 두 다리를 얻기 위해 목소리를 포기한 인어공주 동화처럼 형태를 묘사하며 얻는 조형의 '쾌'를 색에 집중하기 위해 버린 지 십여 년이 훌쩍 지났다.

그렇게 펼쳐낸 나의 '색 경험'을 통하여 이번 전시에는 블루와 핑크가 주인공이다. 컬러밴드의 반복과 차이로 만들어낸 화폭에 관람자의 색에 대한 경험이 중첩되어 어느 밝은 오후 자신의 찬란한 마음의 풍경과 조우하길 바란다.

2020 작업 노트

green to green

나의 작업의 주인공은 컬러밴드(색띠)이다. 컬러밴드는 각각의 캔버스에서 옥색대양에 마치 유영하는 돌고래처럼 혹은 넘실대는 파고가 춤을 추듯 펼쳐진다.

반곡면의 컬러밴드들은 방향성과 수많은 차이를 수반하고 각각의 색들로 물들여져 삭막한 공간에 파동과 리듬감을 부여한다.

컬러밴드와 같은 제한적이고 단순명시적 소재를 사용함으로써 회화적으로 역동성과 리듬감을 얻을 수 있는 것은 컬러밴드가 갖는 만곡 패턴의 비선형적 구성을 통해서이다. 컬러밴드란 임의의 크기를 갖는 시각적 매스로 색면을 쪼갬으로써 얻을 수 있다.

컬러밴드들은 자기유사성(self-similarity)을 가지고 화면에서 구조화를 이루는데, 화면의 일체를 견인하는 원리로서 전체를 이루는 색채 패턴의 단위들과 전체 화면의 상호 연관성을 위한 구조적 절차가 만곡의 패턴으로부터 시작되는 것이다. 이 반곡면의 행위의 통일된 법칙은 그로 인해 수많은 가능성을 내포하게 되었다. 컬러밴드들은 팔을 쭉 펴고 몸을 축으로 해서 콤파스처럼 궤도를 지나면서 나타나는 결과이다. 묽게 올려지는 반복적인 행위를 통해 만들어지는 단순명시적인 형태이며 최소한의 단위요소이다. 이 컬러밴드들은 만곡의 띠 형태를 갖게 된다. 컬러밴드의 구성은 단지 세 가지 요건을 구성하고 있다. 서로 마주 보고 있거나 등 돌리고 있기 그리고 같은 곳을 바라보기인데, 이 세 가지 구성은 '교차하기'와 '어긋남'을 통해 복잡성을 가진다.

이렇게 반곡면 형태의 색띠는 색을 담는 그릇으로 역할을 하는데 형태는 한정적이나 색조의 무한한 자유를 얻게 되었다. 세상에는 무수한 색들이 넘실거린다. 인간이 색을 구분하고 식별할 수 있는 일은 얼마나 행복하고 감각적인 일인가.

나는 구성과 형식 이전에 색에 대한 영감과 기억이 나를 찾아오기를 기다린다. '노랑'은 빛이다. 찬란한 기억과 치유의 에너지, 혹은 아이디어의 원천으로 다가온다. '연두(Yellow Green)'는 초여름의 싱싱함, 그리고 휴식과 정신적 평화로 감지된다. '하양(White)'은 역사적으로 천상의 순결함의 의미인 동시에 슬픔과 고독으로 해석되어왔다. 이러한 색에 관한 역사적 색채학적 관념을 떠나 나에겐 색이란 기억으로 규정된다. 나의 시각적 경험이 축적되어 한 그림을 그릴 때까지 농축된 패턴들이 배열되고 늘어서는 것이다. 색과 색의 만남은 결국 걸러내는 작가의 몸과 기억이 통로가 되어 자신만의 '색경험'으로 남게 되는 것이 아닐까 싶다.

이번 전시 '그린 투 그린(Green to Green)'은 1989년 5월 나의 멘토이자 스승과 나눈 대화에서 시작되었다.

긴 투병 생활로 지쳐있는 그 분의 휠체어를 밀며 "무슨 색이 제일 좋으냐"라는 그분의 질문에 망설임 없이 '연두색'이라고 말했다. 당신은 'deep green'라고 했다.

녹색을 지칭하는 단어는 너무도 한정적이다. 내가 생각하는 그린과 당신이 생각하는 그린은 수많은 경험과 기억의 차이들이 중첩되어 있다.

연두색부터 암녹색까지의 스펙트럼과 그 색들을 부각시켜주는 보조 색들을 세월의 깊은 곳에 있는 기억의 파편들로부터 길어 올려 펼쳐내 보았다.

green to green

1989년 5월
휘경동 위생병원
시간이 멈춘 것 같은 오후
뒷 정원으로
아빠의 휠체어를 밀었다.

살가죽이 말라 뼈만 앙상한 아빠의 체구는 휠체어에서 한없이 작고 고독했다.

아빠의 긴 투병 생활에 어떤 위로의 말로도 아빠의 마음에 생기를 불어넣기 힘들었다. 오로지 홀로 끔찍한 고통과 마주하는 암 말기 환자의 숭숭 뚫린 황폐한 감성에 말 붙이기가 힘들어 아무 말이나 떠들기만 하는 나에게 오랜 침묵을 깨고 아빠가 물었다.

"태임아 넌 무슨 색이 제일 좋니?"

"난 green color가 젤루 이뻐."

"어떤 green? deep green?"

"아니!!! 연두색, 봄에 새로 피는 잎색들말이야… 아빤? 무슨 색이 젤 좋아?"

"deep green… 암녹색"

그땐 그냥 그런가 보다 했다.

아빤 청색을 가장 잘 쓰는 작가가 아니던가!!!

세포의 재생이라던지 생명, 생기의 색, 치유와 스트레스 완화의 자연의 색으로 통상 생각되는 초록을 좋아하실지 몰랐다.

green to green.

색을 지칭하는 단어는 너무도 한정적이다.

내가 생각하는 그린과 당신이 생각하는 그린은 수많은 경험과 기억의 차이들이 중첩되어 있다.

젤 좋아하는 색

누가 내게 물으면 난 아직도 연두색이라고 말한다.

요즘 연두색에서 암녹색까지의 스펙트럼에 빠져 있다.

2023 작업 노트

마음의 정원

2020년 5월 〈월간 에세이〉

추위를 많이 느끼는 나는 유난스럽게 봄을 기다려서 나무들이 보내는 신호에 온 맘을 쏟는다. 계절은 마법처럼 '무색풍경'에 여리고 순한 연두색 새순을 수놓는다. 아침마다 접하는 뉴스에 코로나19 백신의 소식은 요원하고 여전히 얼어붙은 세계 곳곳의 우중충한 신음소리만 가득하다. 따뜻한 물 한 컵을 손에 들고 창문을 통해 하늘과 대기의 분위기를 살핀다.

작업실로 내려가 앞치마를 허리에 질끈 묶으며 어제 펼쳐놓은 미완의 작업들을 훑어본다. 하얀색 붓질이 8회 정도 칠해진 곡면이 약간 아쉬워 보인다. "그래 하얀색을 완성하자." 12센

치의 붓을 물에 담궈 붓결을 모아주고 개수대 위에서 붓을 세게 휘둘러 물을 빼낸다. 촉촉한 붓을 하얀색 물감이 알맞게 개어있는 물감 통에 넣어 여러 차례 담금질을 하고, 붓결을 고르며 마음을 가다듬는다. 후우욱… 숨을 가늘게 내쉬며 붓을 미끄러뜨린다. 나의 몸은 하나의 축이 되고 팔은 넓게 호를 그리며 붓을 지지할 뿐이다. 물감을 올리는 행위가 시작되면 와글와글 시끄럽던 머릿속이 비로서 무음이 된다. 얇게 올려진 물감은 두 시간 정도 지나야 물기가 마른다. 다시 같은 동작을 통해 물감이 또 한번 올려진다. 이전 붓질보다 색이 약간 드러난다. 이렇게 칠해진 물감이 마르면 깨끗이 빨아놓은 붓에 다시 물을 축이고 물감 통에 붓결을 고르며 똑같은 절차가 진행된다. 이 단순한 반복적인 행위가 수 차례 많게는 십여 회 더해지면서 하루가 지나고 이틀이 지나기도 한다. 하나의 곡면이 완성되기 위해 나는 가끔 내 자신이 실을 토해서 자신의 집을 만드는 누에고치가 된 것처럼 느끼기도 한다.

  색이 올라오기를 기다리는 시간은 지루하기도 하지만 붓질과 붓질 사이에 생기는 물리적 시간은 다른 것들을 돌아볼 수 있는 틈새의 시간을 제공한다. 잠시 책을 볼 수도 있고 정원에 나가 작년에 심은 장미의 줄기를 살필 수 있다. 양평으로 이사를 와서 두 번째 맞는 봄이라, 이 틈새의 시간에는 종종 정원에 나간다. 수분이 빠져나간 식물의 줄기를 만져보고 흙 속에 손가락을 넣어 대지의 온도를 느껴보기도 한다. 정원 한쪽에 수북하게 덮여있는 낙엽들을 걷어내니 작년에 심어놓은 채송화의 물을 머금은 통통한 초록 줄기들이 방긋 인사를 건넨다. 메마른 대지, 마른 풀, 무색 자연에서 아랑곳하지 않고 꿈틀거리며 생명을 펼치고 있는 작은 식물들이 정말 반갑다. 정원의 남쪽에는 30년이 넘은 은행나무가 있다. 이 은행나무는 수령만큼이나 키도 크고 많은 가지로 규모도 꽤 있어 정원에 커다란 그늘을 드리운다. 그 이유로 나는 이 은행나무를 베어버리자고 남편에게 심심치 않게 말해왔다. 그런데 얼마 전 낙엽을 걷어내는 일을 하면서 그 성가시던 은행나무의 낙엽이 두툼한 담요가 되어 작은 화초들을 덮어주어 보호하고 있었다는 생각에 다다르게 되었다. 냉혹한 계절, 생명이 다한 것처럼 보이는 자연에서 서로 공존하며 자기 삶의 의지를 보여주고 있는 작은 현상들이 정원 곳곳에서 일어나고 있었다.

  작업실로 돌아와 완성된 하얀색 반곡면 위에 칠할 색을 준비한다. "밝은 노란색을 칠해볼까?", 아니면 "여린 새순을 닮은 연두색을 올려볼까?" 노란색은 어린 시절 머리카락을 사르륵 넘겨주는 엄마의 무릎베개를 하고 잠깐 잠들었을 때 느꼈던 망막에 어리던 심리적으로 가장 평온하고 낙천적인 색이다. 연두색은 긴 겨울이 봉인 해제된 듯 밀려오는 따스한 공기와 같이 위로와 편안함을 준다. 색을 올리고 물감이 마르기를 반복하면서 색이 익어가기를 기다린다. 잠자리 날개와 같이 얇은 시간이 층층이 쌓인다.

  어느덧 나의 정원은 찬란했던 벚꽃도 지고 새로운 색채들로 충만해질 시간이 왔다. 내가 정원에서 어제와 다른 오늘의 모습을 찾아보는 것은 점차 선명해지고 다양해지는 색채를 만나고 싶기 때문이다. 계절과 날씨와는 무관하게 내 작업실에서 펼쳐내는 화사한 붓질들이 보는 이의 마음의 정원에서도 다채로운 색채의 생명들로 가득하여 그 안에서 위로받고 쉼을 얻기를 희망한다.

작업 노트 2020.

Un Passage No.251002, 182×182cm, Acrylic on Canvas, 2025.

제3장

여행과 시간 속에서, 색을 만나다

- 세계를 걷는 눈, 그리움을 그리는 손

봄날의 미풍은 오색 무지개

사흘 후면 마음마저 밝아지는 사월이다. 마른 가지에 연한 색색의 컬러가 아롱지고 봄을 기다리는 사람들의 마음에 조급함을 드리운다. 꽃봉오리처럼 갑작스럽게 나타나는 행인들의 원색 컬러의 옷차림이 눈을 즐겁게 한다. 마음은 봄날의 미풍이 그리워 마구 요동친다.

봄날의 미풍을 색으로 표현하면 어떤 색일까? 봄에 관한 여러 가지 색들의 조화를 떠올릴 때 '오색 무지개'라는 말이 입에 맴돈다. 오색이란 말은 다채로운 색채감을 표현한 정감 있는 표현 같다. 문화와 나라에 따라 무지개색을 달리 규정한다. 우리

나라를 포함한 아시아 지역에서는 음양오행을 기초로 구성된 다섯 가지 순수한 기본색 '흑백청홍황(黑白靑紅黃)'으로 엮어 오색 무지개라고 한다. 영미 지역에서는 남색과 보라를 같은 색으로 보고 여섯 가지 색의 무지개라 하고 이슬람권에서는 빨강, 노랑, 초록, 파랑, 이렇게 네 가지 색으로 무지개를 칭한다. 지금 우리가 말하는 일곱빛깔무지개는 프리즘을 이용한 분광 실험을 통해 일곱 가지 스펙트럼으로 구분한 뉴턴의 영향으로 당시의 기독교문화에서 7이라는 숫자에 대한 상징성을 부여했다는 추측을 하고 있다. 하지만 실제로 무지개는 207가지의 색으로 이루어져 있다고 하니 참으로 미묘하고 다채로운 색의 세계가 신기하다.

오색 무지개를 구성하는 오방색의 보편적인 감성을 살펴보자. 흑(黑), 중국 진시황제가 특히 좋아했다는 검정색은 힘과 단결력을 강조한다. 반면 이슬람국가에서 여성들이 착용하는 검정색 차도르는 일체의 욕망을 잠들게 하는 금욕의 상징으로 나타난다. 백(白), 흰색은 순결과 고귀함, 시작과 부활을 의미하는 동시에 슬픔의 색이기도 하다. 청(靑), 서양에서 푸른색은 희망과 그리움의 색이지만 중국에서는 거칠고 사악함을 표현할 때 사용하였다. 홍(紅), 붉은색은 사랑과 정열, 생명력을 나타내는 반면

부도덕의 색으로 사용되기도 한다. 중세 시대에는 빨강 머리에 대한 부정적인 관념으로 악마의 색으로 상징된 적도 있었다. 황(黃), 노란색은 우주 에너지와 생명, 깨달음의 색이기도 하며 시기와 질투의 색으로 표현되기도 한다. 색이란 보는 이의 감정과 환경에 따라 다른 의미를 가질 수 있어, 오색이 아우르는 자연의 에너지에 모든 것을 담을 수도 있겠다.

19세기 중엽 영국 라파엘 전파의 창단 멤버였던 존 에버릿 밀레이(1829~1886)의 그림 〈눈먼 소녀〉에는 무지개가 등장한다. 삶의 무게가 남루한 옷차림에 확연히 드러나고 무릎에는 손풍금이 올려있는 것으로 보아 거리의 악사로 하루하루를 살아가는 모양이다. 소나기가 지나갔는지 물러가는 먹구름 끝에 쌍무지개가 걸쳐있다. 그림은 언니의 망토로 갑자기 내린 비를 피했던 어린 동생이 무지개를 향해 몸을 돌려 그 장관에 대해 언니에게 일러주는 찰나를 포착한 듯하다. 언니는 눈이 멀어 그 풍경을 볼 수 없어 동생의 손을 잡고 동생이 표현하는 언어로 마음에 풍경을 그려볼 뿐이다. 나는 이 작품을 볼 때마다 상상해 본다. 그녀는 무지개를 한 번도 보지 못했을까? 아니면 사고로 시력을 잃고 기억에 의존해 무지개를 떠올리는 것일까? 그녀의 표정에 불행은 그림자조차 보이지 않고 평온하기까지 하다. 동생이 표현해 내는 아득한 무지개의 풍경을 새소리와 지나가는 소나기가 선사하는 바람의 향기에 실어 흠뻑 취해 있는 듯하다. 작품 〈눈먼 소녀〉에서의 무지개는 아련한 희망으로 표현되었다. 성경에서 노아의 홍수 이후 하나님이 인간에게 다시는 물로 벌하지 않겠다는 약속의 징표로 무지개를 보여준 것처럼 무지개는 그림의 소녀에게 희망과 위안의 메시지 같다.

우리의 인생에도 황금빛 들판에 지나가 버린 먹구름 끝에 쌍무지개가 드리우고 촉촉한 대지에 산들바람 불어와 오색의 꿈과 희망을 품게 될 그 순간이 오지 않을까…. 현실은 힘들고 어두울 수 있지만 희망의 메시지는 여러 가지 색깔과 모양으로 다가올 수 있다. 색채가 가지는 다의적인 상징처럼 내가 직면한 어려움과 현실도 뒤집어보면 좋은 의미일 수 있을 것 같다. 얼굴에 닿는 봄날의 미풍이 비단결같이 느껴질 듯하다. 힘을 내자. 봄이 왔다.

라스코

미술을 본격적으로 공부하기 시작했을 때부터, 나는 라스코 동굴 벽화를 직접 눈으로 보고 싶었다. 미술사 책 속에서 처음 마주한 그 그림들은 단순한 '자료'가 아니라, 원시의 어둠 속에서 피어난 인간의 첫 목소리처럼 다가왔다. 의식주조차 불편했던 구석기 시대에, 인간은 왜 굳이 사냥감을 그리고, 손바닥을 찍고, 상징을 새겼을까. 단순한 놀이였을까, 아니면 공동체를 하나로 묶는 의례였을까. 그 행위는 생존의 필요가 아니라, 삶과 죽음을 넘어 존재를 증명하려는 강렬한 본능이었는지도 모른다. 나는 그 대답을 언젠가 직접 찾고 싶었다.

라스코는 세계에서 가장 오래된 벽화는 아니다. 약 4만 8천

년 전으로 추정되는 스페인의 엘 카스티요(El Castillo) 동굴이 '최초'라는 타이틀을 가지고 있다. 그러나 라스코는 규모와 정교함, 예술적 울림에 있어서 단연 독보적이다. 수천 년의 시간을 건너뛰어 마주한 듯한 생생함, 단순한 기록을 넘어선 압도적인 조형감 때문에 라스코는 인류 시각예술의 상징으로 언제나 거론된다.

2019년 여름, 마침내 그토록 바라던 몽티냑으로 향했다. 프랑스 일대를 자동차로 달리며, 여행 일정 속에 이틀을 떼어 넣었다. 라스코 동굴이 있는 작은 마을, 몽티냑은 생각보다 정겹고 아담했다. 강을 따라 늘어선 집들은 여름 햇살에 반짝였고, 좁은 골목에서는 음악 소리가 흘러나왔다. 때마침 마을 축제가 열려, 젊은 밴드부터 중년의 합창단까지 제각기 무대에 올라 노래와 연주를 들려주고 있었다. 그 활기와 소란스러움이 오히려 수만 년 전의 침묵을 향한 나의 긴장감을 더 고조시켰다.

마을 중심부에서 차로 불과 5분. 숲을 벗어나자, 전혀 동굴과 어울릴 것 같지 않은 현대적인 건물이 나타났다. '라스코 2'였다. 원래 동굴은 이미 반세기 넘게 닫혀 있었고, 지금 우리가 볼 수 있는 것은 정밀하게 복제된 재현 공간이다. 단정하고 심플한 외관의 건물 안으로 들어가면, 인원수를 제한해 소규모 그룹으로 나눠 가이드가 동굴 내부로 안내한다. 발걸음을 옮길수록 공기가 서늘해지고, 아직도 동굴의 습기와 어둠이 살아 있는 듯한 긴장감이 감돌았다.

라스코의 발견은 한 편의 동화처럼 극적이다. 1940년 가을, 프랑스 남서부 도르도뉴 주 몽티냑 마을. 네 명의 소년이 개와 함께 산책을 나섰다가, 땅에 패인 구멍으로 개가 빠져버린다. 아이들은 개를 구하려고 몸을 숙여 들어갔고, 그 순간 그들 앞에 믿을 수 없는 세계가 펼쳐졌다. 천장과 벽면 가득, 말과 사슴, 황소가 불빛 아래로 튀어나왔다. 처음에는 라스코 성으로 이어지는 비밀 통로일 거라 생각했다고 한다. 하지만 그 어둠 속에서, 그들은 인류가 남긴 가장 위대한 발견과 마주한 것이다.

동굴에는 600점이 넘는 그림과 1,500점이 넘는 조각이 있었다. 적색, 주황, 흑색 안료로 그려진 들소와 사슴, 말들이 여전히 벽면을 달리고 있었다. 생생한 움직임은 지금 봐도 압도적이다. 그러나 그 경이로움은 곧 위기를 맞았다. 1948년 일반에 공개된 이후 수많은 방문객이 몰리자, 그들의 호흡과 조명, 습기가 벽화를 빠르게 병들게 한 것이다. 곰팡이가 번지고 안료가 흐려졌다. 결국 1963년, 앙드레 말로 문화부 장관의 결정으로 원래 동굴은 완전히 폐쇄되었다. 이후 20년의 준비 끝에 1983년, 약 200미터 떨어진 곳에 '라스코 2'가 문을 열었고, 사람들은 다시금 그 체험을 이어갈 수 있게 되었다.

라스코 벽화는 기원전 1만 7천 년에서 1만 5천 년 사이에 제작된 것으로 추정된다. 특히 입구 쪽 '황소의 전당'은 그 절정을 보여준다. 길이 5미터가 넘는 거대한 검은 황소 네 마리가 벽을 가득 채우고 달리고 있었다. 그 앞에 서는 순간, 책에서 아무리 보던 이미지도 다 무력해졌다. 축축한 냄새와 무거운 공기가 코끝을 파고들고, 벽 위에 번진 검은 선은 살아 있는 것처럼 떨리고 있었다. 발굽이 울리는 소리가 환청처럼 귓가에 스쳤다. 수만 년 전 인간이 남긴 호흡과 손길이, 동굴 속 어둠을 뚫고 지금의 나에게까지 닿아온 것이다.

나는 그림을 시작할 때부터 언젠가 반드시 라스코에 가리라 다짐했었다. 단순히 '가장 오래된 벽화'를 보고 싶어서가 아니었다. 그곳은 인간이 예술을 통해 삶을 증명하고, 시간을 넘어 존재를 전하려 했던 최초의 무대였기 때문이다. 라스코 앞에 선 순간, 나는 깨달았다. 예술은 인간이 사라진 뒤에도 남아 존재의 흔적을 증언하는 언어라는 것을. 그리고 그 언어는 수만 년의 어둠을 뚫고 오늘의 나를 흔들고 있었다.

바스티유 오페라에서 만난 '모세와 아론'

 바스티유 오페라… 몇 마디 말로는 절대 표현할 수 없는, 위대하고도 사랑스러운 극장이다. 1989년, 프랑스 혁명 200주년을 기념하여 지어진 이 현대적 오페라하우스는 2,700석 규모를 자랑한다. 개관 이듬해, 정명훈의 지휘로 베를리오즈의 트로이의 사람들이 첫 무대를 장식했다고 한다. 혁명의 정신 위에 세워진 이 웅장한 극장은 그 자체로 이미 하나의 역사다.

 어제 그곳에서 쇤베르크의 모세와 아론을 만났다. 내 오페라 사랑의 정점이라고 해도 과언이 아닐 경이로운 체험이었다. 쇤베르크는 언제나 난해하고 어렵게만 다가왔지만, 42세의 젊은 지휘자 필리프 조르당(Philippe Jordan)의 해석은 그 복잡한 음악을 단단하게 끌어안았다. 그의 지휘봉은 쉔베르크의 세계를 새로운 빛으로 열어젖히며, 청중이 음악 속으로 자연스레 스며들게 했다.

그러나 무엇보다 나를 뒤흔든 것은 무대였다. 연출가 로메오 카스텔루치(Romeo Castellucci, 1960~)의 해석은 충격적이면서도 압도적이었다. 그는 이탈리아 출신 연출가이자 무대미술가, 극작가로, 연극과 오페라 무대에서 늘 '언어로 설명할 수 없는 것'을 이미지와 신체를 통해 드러내는 작업을 해왔다. 1981년 설립한 극단 '소시에타스 라파엘로 산치오(Societas Raffaello Sanzio)'와 함께 시각예술, 철학, 신학을 넘나드는 실험적 무대를 선보이며 현대 연극과 오페라 연출의 선구자로 평가받는다. 그의 작품은 종종 '충격'과 '논란'을 불러일으키지만, 동시에 인간 존재와 신성에 대한 근원적 질문을 던진다.

이번 연출에서도 그의 미학이 유감없이 발휘되었다. 150명은 족히 되어 보이는 군중의 집단적 등장, 실오라기 하나 걸치지 않은 여인의 전면적 노출은 단순한 파격이 아니라 상징적 언어였다. 백색과 흑색, 그리고 결정적 순간의 황금빛까지—세 가지 색채만으로 풀어낸 시각적 장치가 오히려 무궁무진한 의미를 불러일으켰다. 미래적인 빛의 사용은 제임스 터렐을 연상시켰고, 군더더기 없는 미니멀한 무대는 음악과 결합해 전율을 일으켰다.

 특히 잊지 못할 순간은 모세가 시내산에 들어가 하나님의 계시를 받는 장면이었다. 무대의 거대한 벽이 수평으로 갈라지며 드러난 틈 사이, 나체의 군중이 묘하게 엉켜 하나의 집단적 형상을 이루어내던 그 순간—나는 인생 최대의 시각적 충격을 받았다고 말할 수밖에 없다.

 그러나 이 경험은 단순히 하나의 공연 감동에 그치지 않았다. 모세와 아론이 다루는 주제는 결국 인간이 '말할 수 없는 것'을 어떻게 다루는가에 관한 질문이었다. 모세는 절대적 진리를 직관했지만, 언어로 표현할 수 없었고, 아론은 그 진리를 군중이 이해할 수 있는 이미지로 번역했다. 이 간극이야말로 인간이 신(神)과 세계 사이에서 끊임없이 겪는 딜레마다. 카스텔루치가 무대로 구현한 충격은 바로 이 간극—표현 불가능한 것과 표현된 것 사이의 간극을 극적으로 드러낸 것이다.

 어쩌면 예술은 언제나 이 불가능을 향한 끝없는 시도일지 모른다. 그 시도가 비록 완전한 언어를 만들어내지 못한다 해도, 그 과정 자체가 인간 존재의 숭고함을 증명한다. 어제의 무대는 바로 그 진실을 눈앞에 펼쳐 보였다.

 파리 시민이 부러운 것은 단순히 수준 높은 무대를 자주 접할 수 있어서가 아니다. 그들에게는 예술을 통해 자신이 몰랐던 세계와 마주할 기회가 끊임없이 주어진다는 사실 때문이다. 문화적 풍요란 바로 이러한 가능성이다. 바스티유 오페라에서의 모세와 아론은 내게 예술이 곧 인간이 살아가는 이유 중 하나임을, 다시 한번 확인시켜 주었다.

카르카손, 시간을 걷다

몇 해 전, 어느 여행 사진 속에서 처음 카르카손을 보았다. 사진 한 장뿐이었지만 이상하리만치 마음이 끌렸다. 푸른 하늘 아래 우뚝 선 중세 성곽, 날카롭게 솟은 망루, 거칠고 단단해 보이는 성벽. 그곳을 직접 걷고 싶다는 마음이 들었고, 시간이 흘러 나는 마침내 이 도시에 서 있다.

카.르.카.손. 그 이름을 한 글자씩 천천히 입에 담아본다.

카르카손은 프랑스 남부, 지중해와 대서양을 잇고 피레네산맥과 평원을 연결하는 전략적 요충지에 자리하고 있다. 기원전 122년, 로마 군대가 처음 성벽을 쌓았다고 하는데, 놀랍게도 그 성벽 일부는 지금도 그대로 남아 있다. 내가 지금껏 본 어떤 유적보다도 견고하고, 믿음직스러운 풍채를 지녔다.

중세에 들어서며 성곽 안에는 콩탈 성과 마을, 거리, 성당이 들어섰다. 성은 사람들을 지켜주었고, 사람들은 그 안에서 삶을 꾸렸다. 수백 년이 지난 지금도 이곳은 마치 누군가 여전히 살고 있는 듯한 생활감과 활기로 가득하다. 1997년 유네스코 세계유산으로 등재되었다는 사실보다, 그 돌길을 딛는 순간 느껴지는 시간의 무게가 훨씬 더 크게 다가왔다.

이 길 위를 얼마나 많은 발걸음이 지나갔을까. 전쟁터로 나가는 군인, 시장에 가는 아이, 성당으로 향하는 사람들. 그 하루하루가 겹겹이 쌓여 이 도시를 만든 것이다.

처음 도착한 날, 콩탈 성은 이미 문을 닫은 뒤였다. 해 질 무렵, 석양을 머금은 성벽이 고요히 서 있었고, 망루 위로는 어스름이 내려앉기 시작했다. 빛이 걷히는 풍경은 늘 조금 슬프다. 카르카손의 저녁은 더욱 그랬다. 그 슬픔은 쓸쓸하기보다는 묵직했다. 마치 이 성곽이 품고 있는 아주 오래된 이야기들이 바람을 타고 흘러오는 듯했다.

다음 날 아침, 다시 콩탈 성을 찾았다. 날씨는 맑았고 대기는 따스함을 품고 있었다. 거대한 나무문을 지나 성안으로 들어서자, 돌담과 망루가 나를 감쌌다. 높은 곳에 올라 내려다본 카르카손은 시간이 멈춘 듯했다. 이 도시에서는 시계보다 그림자가 더 정확하게 시간을 알려주는 것 같았다. 해가 높아질수록 그림자는 점점 짧아졌다.

성을 나와 조용한 골목을 걷다가 '중세의 고문'을 주제로 한 갤러리를 발견했다. 꽤 비싼 입장료를 내고 들어섰고, 어두운 조명 아래엔 죄인에게 가해진 고문 기구들이 실감 나게 재현되어 있었다. 마네킹을 활용한 장면 연출, 고문 장면이 기록된 문서의 확대 전시까지…. 당시의 비참함이 고스란히 전해졌다. 짓지 않은 죄조차 만들어내어 자백하게 만드는 끔찍한 방법들. 마녀로 몰린 이들에게 자행된 고문은 상상조차 하기 힘든 잔혹함이었다. 단지 '보통과 다르다'라는 이유로 마녀로 몰릴 수 있던 시대. 그 시대에 태어나지 않은 것이 얼마나 다행인가 싶었다. 갤러리를 나서며 나도 모르게 몸서리를 쳤다.

언덕을 내려와 한적한 거리 끝자락에서 작은 식당 하나를 발견했다. 하얀 레이스 커튼이 드리워진 창가, 화분에 담긴 예쁜 꽃들. 안으로 들어서니 빵 굽는 냄새와 고소한 커피 향이 가게 안을 채우고 있었다. 창가 자리에 앉아 오믈렛과 카페오레를 시켰다. 별것 아닌 한 끼 식사였지만, 이상하리만치 따뜻하게 느껴졌다. 한 입 한 입 음미하며 창밖을 바라봤다. 햇살이 성벽 위로 천천히 내려앉고 있었고, 그 모습은 어제의 저녁 풍경만큼이나 잊히지 않을 것 같았다.

특별한 일은 없었지만, 그 시간은 오래도록 남을 것 같다.

카르카손은 단지 아름다운 중세 도시가 아니라, 거대한 시간을 품고 있는 장소였다.

Un Passage No.221005, 130×162cm, Acrylic on Canvas, 2022.

Un Passage No.231021, 130×162cm, Acrylic on Canvas, 2023.

파리의 공방에서

출근을 할 때의 아침 공기는 차갑고, 오후의 날씨는 불볕더위다. 하루 안에 계절이 바뀌는 듯한 날씨 속에서 이곳의 일정이 반이 지났다. 이번 작업은 기존의 원화를 최대한 재현하던 판화들과 달리, 현장에서 기법을 실험하고 결과를 지켜보며 매 순간 방향을 조정할 수 있었던 귀한 경험이었다. 다음 주 수요일에 사인을 마치면 모든 과정이 끝난다. 끝까지 힘을 내야 한다.

아침 여덟 시 반에 시작해 오후 네 시까지, 꼬박 여덟 시간의 공방 생활이 이어진 지도 벌써 나흘째. 작업을 마치고 호텔에 돌아오면 기진맥진해 머릿속이 하얘지고, 그대로 쓰러져 버린다. 3년 만에 파리에 함께 온 딸아이에게 미안한 마음이 자꾸만

스민다. 낯선 도시를 혼자 거닐고 있을 아이를 생각하면 가슴이 저릿하다.

조금씩 석판화의 문법이 이해되기 시작하면서, 이제는 결과에 대한 구체적 계획이 세워지고 있다. 나의 드로잉들을 토대로 석판을 고르고, 각 과정을 분석하며 작전 회의를 마친 뒤, 다양한 도구로 석판과 일대일 대결을 벌인다. 석판은 결코 만만치 않은 상대다. 매번 새로운 표정으로 나를 맞이한다.

이 공방의 대표님은 석판화의 역사를 들려주실 때마다 눈빛이 유난히 반짝인다. 석판화는 1796년, 독일 뮌헨에서 알로이스 젠네펠더라는 젊은 극작가가 발명한 기법에서 비롯되었다. 그는 자신의 연극 대본을 값싸게 인쇄하려다 석회석 위에 유성 잉크로 글씨를 쓰고, 물과 기름이 섞이지 않는 성질을 이용해 이미지를 전사하는 방법을 찾아냈다. 처음에는 대본과 악보를 찍어내는 실용적 인쇄술이었지만, 곧 음악가들이 악보를 대량 복제하는 데 사용하면서 빠르게 확산되었다. 이후 들라크루아와 고야, 드가 같은 예술가들이 이 매체를 탐구하며 공예의 차원을 넘어 예술의 영역으로 확장시켰다. 지금 내가 마주한 석판은 바로 그 유구한 역사와 맞닿아 있는 것이다.

파리 몽파르나스에 자리한 이 유서 깊은 공방 Idem Paris는 1800년대에 설립되었다. 마티스, 피카소, 샤갈, 소피 칼, 데이비

드 린치까지, 세계적인 아티스트들이 이곳에서 작업을 이어왔다. 잉크 냄새가 밴 벽과 기계의 쇳소리 속에는 그들의 숨결이 아직도 켜켜이 배어 있는 듯하다. 더구나 이곳에서 제작된 판화는 프랑스 출판물로 등록되어 국립도서관에 소장된다니, 내 작업이 그 목록에 함께 오른다는 사실이 그저 감사하고 벅차다.

그동안의 판화 작업은 늘 원화와 최대한 흡사하게 옮기는 방식이었다. 그러나 이번 파리에서의 목표는 다르다. 실크스크린 기법으로는 표현하기 어려운 질감과 톤을 현장에서 직접 조율하는 것, 원화에서는 의도적으로 배제했던 거친 질감까지 새롭게 드러내는 것이다.

앞으로 이어질 일주일 이상의 석판화 작업은 어떤 결과물을 낳을까. 결과도 궁금하지만, 무엇보다 이 과정에서 내가 배우고 느끼는 감각들이 앞으로의 새로운 통로가 되어줄 것이라 믿는다. 이 공방에서 흘린 시간과 땀이, 내 작업의 지평을 또 한 번 열어주기를 기도한다.

사건의 재구성

워낙 실패와 좌절의 경험이 몇 번 있었기에, 나는 언제부턴가 일이 전개되기 시작할 즈음에는 기대를 하지 않는 습관을 갖게 되었다.

그 사건 당시를 다시 헤집어 재구성해 봐도, 끝난 후에야 밀려오는 후회와 자신에 대한 원망만이 두고두고 남는다.

사건은 내가 방심하고 한껏 행복을 느끼던 순간, 동시에 벌어졌다.

타히티 모레아섬에서 2박을 마친 후 페리에 탑승하기 위해 항구로 가는 중이었다.

마리는 65세의 택시 운전사였다.

호방하고 유쾌한 그녀의 말솜씨에 나는 점점 매료되어, 25분 동안 깊은 대화를 나눴다.

그녀의 삶은 말 그대로 노마드였다. 인생에서 가보지 않은 외국이 없을 정도였고, 총 8년을 여행에 쏟았다고 했다.

러시아, 파리 몽마르트, 마르세유, 스위스, 뉴질랜드, 터키, 알제리, 스페인, 미국의 여러 도시, 일본, 중국, 북유럽 등….

모레아 출신인 그녀는 원래 고등학교 선생님이었다. 애처가인 남편과 딸, 아들을 두었고, 지금은 심플라이프를 추구한다.

은퇴 후에는 매년 몇 개월씩 외국에서 생활한다고 했다. 남편은 5년 전부터 기력이 없어서 집에서 강아지를 돌보며 집을 관리하고 있다고.

나이가 들면서 그녀는 집의 규모를 줄이고, 집을 관리하는 시간도 줄였다고 했다.

새벽 4시에 일어나 오전 11시 30분까지만 일하는 그녀는 지금, 다음 여행지인 알래스카를 계획하고 있었다.

그녀와의 끊이지 않던 25분의 대화 속에서 나는 '소소한 행복'이라는 감정에 대해 다시 생각하게 되었다.

항구에 도착해 우리는 서로 기념사진도 찍고, "내년에 또 만나자."라며 여운이 긴 작별 인사도 나눴다.

그러던 찰나—아르미티호 티켓을 구입하려는 순간,

내가 애정하는 사물들이 들어 있는 배낭이 없다는 사실을 알아차렸다.

토요일이라 유난히 붐비던 호텔 로비에 두고 나왔는지,

마리의 예쁜 빨간색 르노에 두고 내렸는지….

아무리 기억을 되짚어도 도무지 생각이 나질 않았다.

사실, 이런 낯선 곳에서 가방을 잃어버린 것은 처음이 아니다.

세 번의 날치기 경험, 그리고 분실물 센터에서 헛된 기대를 안고 갔다가 받은 더 큰 실망….

이제는 기대를 아예 접고, 내 소중한 사물들과 조용히 이별할 줄 아는 법을 터득했다.

배를 타기까지 한 시간 남짓 남은 상황에서 호텔까지 다녀와야 하는 초조한 시간….

그러나 나는 체념한 채 풀이 죽어 있었다.

호텔 정문 앞의 빨간 르노.

마리가 벨보이와 수다를 떨고 있었고, 내가 택시에서 내리는 모습을 본 그녀는 깜짝 놀라며 다가왔다.

나는 황망히 호텔 로비로 달려 들어갔지만, 역시나 붐비는 그곳에서 내 배낭을 본 사람은 없었다.

"그래, 헛된 희망이야. 어차피 걔와 나의 인연은 여기까지야."

나를 안타깝게 바라보던 마리는, 다음 손님을 태우기 위해 차로 향했다.

그 순간—그녀가 소리를 지르며 내게 뭐라고 외쳤다!

내 배낭을 손에 들고.

"우리가 너무 대화에 집중했었구나!"

뒷좌석 문을 열고 새 손님을 태우려던 그녀가, 그제야 내 가방을 발견한 것이다!

아—나에게도 암담했던 사건이 해피엔딩으로 끝나는 드문 경험이 생겼다.

마리와 나는 따뜻한 포옹으로 다시 이별을 나눴다.

잃어버린 줄 알았던 마음도, 간이 떨어졌다가 이제야 슬금슬금 제자리를 찾아가고 있는 중이다.

이탈리아에서 첫 전시
– 20년 만에 다시 찾은 로마

기억은 희미했지만, 로마의 거리는 여전히 고풍스러운 옛 모습 그대로였다.

나는 로마 주재 한국문화원에서 열리는 그룹전에 참여하기 위해 이곳을 찾았다. '한국의 바다와 섬'이라는 제목의 전시였고, 사단법인 라메르 에 릴(La Mer et L'île)의 회원 자격으로 참가하게 되었다.

로마 한국문화원은 얼마 전까지만 해도 유럽 내 한국문화원 중 가장 큰 규모로 알려졌지만, 지난 11월 20일 파리 문화원이 새롭게 오픈하면서 그 자리를 물려주었다고 한다. 게다가 헝가리 문화원이 11월 18일에 개관하면서, 이제는 규모 서열 3위로 밀려났다고…. 국력이 강해지면서 해외 문화원의 규모와 운영 전반이 발전되기를 바란다.

하지만 내게 문화원이라 하면 파리 유학 시절 접했던 왜소한 공간이 먼저 떠오르기에, 이곳 로마 한국문화원의 아름다운 외관과 제법 넉넉한 규모는 충분히 감탄할 만했다. 건물 자체가 문화재로 지정된 곳이라 하니 그 품격도 납득이 되었다.

전시 전날은 한국에서 미리 보낸 작품들을 설치하는 날이었다.

신발과 바지까지 세트로 맞춘 유니폼 차림의 설치팀은 첫인상부터 남달랐다. 이들은 레오나르도 다빈치의 작품도 다루는 유명 설치 전문팀이라고 했다. 그 말 그대로, 작품을 다루는 손끝에서는 미술을 향한 전통과 사랑이 느껴졌고, 마치 영화 미션 임파서블의 요원들처럼 정교하고 민첩한 손놀림에 감탄을 금치 못했다.

작품 설치 과정을 넋 놓고 바라보던 중, 오충석 이탈리아 한국문화원장님께서 오셔서 인사를 나누고, 문화원 곳곳을 안내해 주셨다. 한국 문화를 알리기 위한 다양한 프로그램이 활발히 진행 중이라 하셨는데, 특히 한국요리 강습은 공고가 나자마자 마감될 정도로 인기가 높다고 한다. 놀라운 건, 신청자의 90%가 이탈리아 남성이라는 것! 로마 남자들이 잘생겼다는데,

정작 나는 아직 한 명도 못 본 것 같았다.

결국 우리는 "잘생긴 멋쟁이 남자들은 모두 파리로 이사 간 거다!"라는 자체 결론에 도달했다.

다음날 전시는 많은 관람객과 함께 무사히 오프닝을 마칠 수 있었다.

불어를 능숙하게 구사하는 로마인들이 많았기에 전시장 내에서의 소통도 큰 어려움이 없었다. 그중에서도 숏커트의 금발 머리, 지적인 분위기의 한 여성이 유독 내 작품 앞에 오래 머물렀다. 내 작품의 키워드를 정확히 짚어내며 유창한 불어로 질문을 이어가던 그녀는, 알고 보니 교황청립 성 안셀모 대학에서 5년째 연구와 교육을 담당 중인 수녀님이었다. 수녀복이 아닌 일상복을 입고 계셔서 자신을 소개하기 전까지는 전혀 알 수 없었다.

4개 국어를 구사하는 안나 수녀님과는 짧은 시간 동안 카톨릭 아이콘과 여성성, 그리고 예술을 통한 해방과 확장에 대한 깊이 있는 대화를 나누었다. 서로 전혀 다른 삶의 궤도를 살고 있지만, 그럼에도 불구하고 묵직한 공감이 오갔던 순간이었다. 짧은 일정이 아쉬웠는지 수녀님은 내게 연락처를 건네셨고, 우리는 서로 소식을 주고받기로 했다.

하지만 감정의 여운도 잠시, 다음 날 나는 차곡차곡 쌓인 피로가 터지며 하루 종일 호텔 방에서 앓아누웠다.

그 와중에 이 전시의 큐레이터를 맡은 손윤이 선생은 공진단과 파스, 아침 식사까지 챙기고, 차가워진 내 몸을 주물러 체온을 되찾게 해주는 등 거의 한 명의 응급의료팀처럼 나를 돌봐주었다. 그 지극정성 덕분에 저녁에는 전시팀 모두와 함께 권희석 대사님의 관저에서의 저녁 만찬에 참가 할 수 있었다.

대학 시절 엄마와 함께 방문했던 로마에 20년 만에 전시를 통해 다시 올 수 있어서 감회가 새로웠다. 비록 단체전이었지만 한국문화원의 초대로 이탈리아에서 우리 한국에 대한 관심과 위치를 실감할 수 있었던 고마운 시간이었다.

아프리카 여행, 분열과 생명의 대지에서

이번 아프리카 여행은 단순한 관광이 아니라, 내 삶의 기억 속에 오래 남을 매혹적인 경험이었다. 아프리카의 대지는 수많은 역사적 상처와 자연의 경이로움이 교차하는 무대였고, 그 속에서 나는 복잡하고도 깊은 감정을 안게 되었다.

케냐에서 가장 강하게 다가온 것은 인위적으로 자로 그어진 국경선이 사람들의 삶을 어떻게 단절시켰는가였다. 부족마다 언어와 전통, 생활양식이 다르지만 식민 열강의 무자비한 선 긋기는 공동체를 찢어놓았다.

19세기 말, 아프리카의 자원을 탐낸 유럽 열강은 1884년 베를린 회의에서 아프리카 대륙을 지도 위에 펼쳐놓고 자와 컴퍼스, 잉크만으로 경계를 긋기 시작했다. 그 자리에 아프리카 사람들의 목소리는 존재하지 않았다. 오직 유럽의 이해관계에 따라 땅이 잘려 나갔고, 수천 년 동안 이어온 부족 간의 교류와 이동은 한순간에 가로막혔다.

강과 산맥이 아니라 직선으로 그어진 경계는 삶을 단절시키는 칼날이 되었고, 공동체는 이방인이 만든 틀 안에서 갈라졌다. 그 경계는 단순한 지리적 선이 아니라 삶과 기억을 분리하는 상흔이었다.

짐바브웨에서는 경제적 위기와 정치적 갈등이 개인의 일상에 어떤 무게로 다가오는지를 피부로 느낄 수 있었다. 가난 속에서도 꺼지지 않는 생존의 의지, 그리고 고난을 견디며 세대를 이어온 회복의 이야기를 들을 때, 그들의 고통은 비극으로만 머무르지 않았다. 오히려 인간적 존엄으로 다시 일어서는 힘을 보여주었다.

그러나 아프리카의 땅은 고통만 품고 있지 않았다. 사바나를 달구던 붉은 태양이 지평선 너머로 사라지는 순간, 하늘은 주홍빛에서 보랏빛으로, 다시 푸른 어둠으로 겹겹이 물들며 하나의 장엄한 축제를 펼쳤다. 거대한 대지 위에서 쏟아지는 이 빛의 잔치는 인간의 작은 고민들을 압도하는 자연의 위대함이었다.

잠베지 강 위에서 바라본 풍경은 또 다른 평화였다. 강물 위로 쏟아지는 햇살은 은빛 비늘처럼 반짝였고, 여러 빛깔의 나무와 갈색의 땅, 파란 하늘은 한 폭의 캔버스처럼 조화를 이루었다. 인간이 만든 경계와 갈등과는 달리, 자연은 언제나 서로를 이어주며 살아 있었다.

남아공에 머무는 동안, 나는 케이프타운의 테이블 마운틴에 올랐다. 정상에 서자 바다와 도시, 그리고 구름이 한눈에 들어왔다. 구름은 산 정상에 걸쳐 흘러내리며 흰 보자기처럼 거대한 테이블을 덮고 있었다. 그 장면은 이 땅이 품고 있는 위엄과 고요를 동시에 보여주었다. 한쪽에는 끝없이 펼쳐진 대서양이, 다른 쪽에는 삶의 터전을 지키며 살아가는 사람들의 집과 거리가 이어지고 있었다. 아프리카의 고통과 역사가 켜켜이 쌓여 있음에도, 테이블 마운틴은 묵묵히 이 땅을 지탱하는 거대한 초석처럼 서 있었다. 그 앞에서 인간의 역사는 잠시 바람에 스치는 먼지 같았다.

그리고 그 순간, 나는 한 인물을 떠올리지 않을 수 없었다. 바로 19세기 초, '호텐토트 비너스'라 불리며 유럽의 전시 무대에서 잔혹하게 소비된 사라 바트만이다. 그녀는 남아공의 콰이콰 이족 여성으로, 삶의 의지와는 무관하게 유럽으로 끌려갔다.

런던과 파리의 전시장에서는 그녀의 신체가 '기형'이라는 낙인과 함께 사람들의 호기심을 자극하는 구경거리가 되었다. 둔부가 발달한 콰이콰이족 여성의 신체적 특징은 '이국적'이라는 이유로 왜곡되었고, 그녀는 인간으로서가 아니라 '전시물'로 대상화되었다.

죽음 이후에도 그녀의 고통은 끝나지 않았다. 해부학자들은 그녀의 시신을 해부하여 뼈와 생식기를 표본으로 만들었고, 그것은 오랫동안 파리 자연사 박물관의 진열장에 놓여 있었다. 한 개인의 삶과 존엄은 박제된 호기심의 대상으로 남겨졌던 것이다. 그녀가 고향 땅 남아공으로 돌아온 것은 무려 2002년, 세월이 한참 흐른 뒤였다. 프랑스 정부가 남아공 정부의 요청을 받아들여 유해를 송환했을 때, 그것은 단순한 장례가 아니라 식민주의의 긴 그림자를 청산하는 늦은 화해의 의식이었다.

사라 바트만의 삶과 죽음은 아프리카가 겪어온 모멸과 억압을 압축한 상징 같은 존재였다. 나는 그녀의 이야기를 떠올리며, 이 땅의 햇살과 노을, 잠베지 강의 물결, 테이블 마운틴의 장엄한 실루엣 속에서도 동시에 서늘한 슬픔을 느꼈다.

아프리카는 단순히 이국적인 여행지가 아니었다. 자로 그어진 국경선이 남긴 분열과 빈부 격차, 여전히 남아 있는 제국주의의 그림자…. 그러나 동시에 끝없이 숨 쉬는 생명력과 치유의 힘을 간직한 땅이었다. 사라 바트만의 이야기는 이곳의 모멸과 억압을 상기시켰고, 그럼에도 불구하고 사람들이, 그리고 자연이 보여주는 생명의 힘은 더 넓은 세계를 존중하며 살아야 할 이유를 내 안에 새겨 주었다.

테레사와 까마귀

이처럼 비가 많이 오는데
전봇대 위에 주렁주렁,
전깃줄 위에 회색 그림자를 드리우고 있는 이 녀석들,
묵묵히 비를 맞고 있다.
늘 지나는 마을 어귀 아스팔트 위에서도,
황금빛 들판에서도 열 마리쯤 무리 지어 다니는 그 녀석들이
분명하다.
평소엔 총총거리며 뛰어다니고
펄럭이며 개성 만점의 비행 실력을 보여주더니,
오늘은 웬일인지 심통맞은 표정으로 비를 다 맞고 있다.

비를 피해 갈 곳이 없는 걸까?
난 까치의 영악함이 너무도 싫은데,
그들보다 조금 더 큰 이 까마귀들을 보면
사람들에게 소외된 이 녀석들에게 정이 간다.
행동이나 품새도 까치의 경박함보다는
솔직하고 숨기지 못하는 천진함이랄까
이 규정되지 않는 친근함은 어디서 오는 건지.

비를 맞고 있는 까마귀들을 보면서 한참을 생각했다.
아마 내가 좋아하는 소설 『참을 수 없는 존재의 가벼움』의 주인공 테레사와 까마귀의 일화에서
그 까마귀의 이야기가 내 안에 강렬히 남아 있었나 보다.
소설에서 까마귀의 등장은 무작위적인 사건이 아니라,
테레사의 내면에서 차오른 감정이 바깥으로 투사된 것이다.
주인공 테레사는 어느 시골 마당에서,
목까지 땅에 파묻힌 한 마리 까마귀와 마주친다.
까마귀는 울지도 않고, 꿈틀거리지도 않았다.
테레사는 천천히 땅을 파서 까마귀를 꺼낸다.
그 새는 이미 심하게 다쳐 있었고, 살아날 가망은 희박했다.
하지만 그녀는 그 까마귀를 품에 안고 집으로 데려와 밤새 곁

을 지킨다.

화장실 바닥에 수건을 펴고 까마귀를 눕히고,

손끝으로 숨결을 확인하며 그렇게 함께 있었다.

까마귀는 결국 그녀 곁에서 조용히 죽었다.

그 순간, 테레사는 깨닫는다.

그 까마귀는 어쩌면 자신이었다고.

울지 못한 시간,

어디에도 기대지 못했던 마음,

가벼움과 무게 사이에서 헤매다

끝내 숨죽이며 살아낸 어떤 날들.

테레사의 마음은 토마시의 모습을 바라보며 언제나 모순으로 흔들렸다.

사랑받고 싶어 하지만 사랑 앞에서 작아지고,

자유롭고 싶어 하면서도 자유를 감당하지 못해 스스로를 탓한다.

그녀는 늘 사랑하는 이를 향해 손을 뻗지만,

정작 자신은 늘 어디론가 묻힌 채로 남아 있다.

그 까마귀는 세상이 파묻어버린 테레사의 마음이었고,

그녀가 마지막으로 꺼내어 안아준 자기 자신이었는지도 모른다.

오늘 전깃줄 위, 회색 그림자를 드리운 채
빗속에 묵묵히 앉아 있던 까마귀들을 보며
나는 그 장면을 다시 떠올렸다.
어디에도 속하지 못한 그들도
각자의 고요한 무게를 견디고 있었을까.
비를 맞으며 스스로를 품고 있었던 까마귀들.
움직임은 없지만,
견디고 있는 그 까만 덩어리들.
그 까마귀들의 젖은 모습을 보면서
프라하에서 고독에 사무친 테레사의 마음이 읽혀졌다.

하늘의 커튼 아래서

올해 초, 페이스북에서 페친 두 분이 올린 포스팅을 보았다. 한 분은 아이슬란드의 밤하늘을 물들이던 환상의 빛을, 또 한 분은 캐나다 옐로나이프에서 만난 오로라를 소개했다. 그 순간 마음이 동했고, 곧바로 조사를 시작했다. 그런데 아이슬란드와 옐로나이프의 겨울은 영하 50도까지 떨어진다고 했다. 저체온증과 저혈압 체질의 나는 분명 동사할 것 같았다. 그래서 계절은 9월로, 장소는 캐나다 옐로나이프로 결정했다. 꽤 선선하겠거니 했는데, 이곳의 바람은 내 예상보다 훨씬 더 매서웠다. 15시간의 여정 끝에 도착한 옐로나이프. 너무 추울까 봐 겹겹이 껴입었지만, 시간이 지날수록 차가운 공기가 뼛속까지 스며들었다. "내일은 더 싸매고 와야지"라고 다짐하며 첫 오로라 투어에 나섰다. 2년 넘게 방치해뒀던 카메라도 챙겨왔다. 야간 촬영도, 삼각대도 처음이었지만 셔터스피드를 30초까지 늘려 찍으니, 생각보다 사진이 잘 나왔다. 경사진 언덕 위, 남편이 잠깐 자리를 비운 사이 나는 의자에서 세 번이나 굴러떨어졌다. 아픈 것보다 창피함이 더 커서, 입도 뻥긋 못 하고 혼자 벌떡 일어나야 했다. 처음엔 보름달이 너무 밝아 오로라는커녕 별빛조차 희미해 보였다. 실망을 삼키고 있었는데, 얼마 후 하늘이 슬그머니 열렸다. 부드러운 초록빛이 커튼처럼 천천히 내려오며 조용히, 은밀하게 일렁이기 시작했다. 그 순간 가슴이 벅차올랐다. 나는 까칠한 오로라 공주님을 알현하고 있었다.

오로라, 영어로는 'Aurora', 라틴어로 '새벽'을 뜻하는 이 이름은 태양에서 방출된 고에너지 입자들이 지구 자기장에 이끌려 극지방 상공으로 유입되고, 대기 상층부 80~500km에서 산소나 질소와 충돌하면서 빛을 내는 자연 현상을 가리킨다. 초록빛은 산소 원자가 약 100~150km 상공에서 빛을 방출할 때 나타나고, 가장 자주 볼 수 있는 색이다. 붉은빛은 200km 이상 고도의 산소에서, 보랏빛이나 분홍빛은 질소 분자와의 상호작용에서 비롯된다. 보랏빛은 오로라가 매우 강할 때 외곽에서 드물게 관측된다고 하니 가장 환상적인 순간을 장식하는 것이다. 그래서 오로라는 '하늘의 커튼', '우주의 무도회'라는 이름을 갖게 되었을 것이다. 고요한 어둠 속에서 아무런 소리 없이 출렁이며 춤을 추는 그 빛은, 보는 사람의 마음을 단숨에 경외감으로 물들인다. 관측의 최적기는 9월부터 3월 사이. 밤 10시에서 새벽 2시 사이, 맑고 구름 없는 하늘, 빛 공해 없는 깊은 어둠이 필수 조건이다.

 그 다음 날, 나는 무려 28시간을 내리 잤다. 전날 밤의 추위와 감정의 파도에 밀려온 고단함이 한꺼번에 덮쳐왔다. 오로라 투어도, 시내 투어도 모두 놓쳤고, 하루를 통째로 흘려보냈다. 남편이 정성껏 챙겨준 음식과 약 덕분에 오후쯤 겨우 정신을 차리고, 몸을 추슬러 올드타운까지 산책을 다녀왔다. 황량하고 쓸쓸한 풍경, 바람결, 바위, 그리고 텅 빈 거리들. 영하 50도까지 내려간다는 이 극한의 땅에서 묵묵히 살아가는 사람들의 삶을 떠올리며 마음 한켠이 숙연해졌다. 나는 그저 잠시 머무는 여행자일 뿐이지만, 그 순간만큼은 한 인간으로서의 겸허함을 배웠다.

 셋째 밤, 오로라 빌리지로 향했다. 이번이 마지막 투어였다. 하지만 하늘엔 두꺼운 구름이 가득했다. 오로라 공주님은 약간의 옷자락만 살짝 보여주고는 조용히 사라지셨다. '착한 사람에게

만 보인다'는 옷을 입은 왕의 이야기, '벌거벗은 임금님'이 왜 떠오를까. 하늘 아래, 찬바람을 맞으며 옹기종기 모여 앉은 사람들 사이로 "스고이! 우레시이!"를 외치던 일본 아주머니 덕에 나도 모르게 감탄사를 터뜨렸지만, 그 밤의 오로라는 첫날보다 훨씬 약했다. SNS 속 찬란한 오로라 사진들에 현혹된 나는 마치 살짝 낚인 기분이 들었다. 그래도 언젠가, 아이슬란드나 또 다른 하늘 아래에서 그녀를 다시 만나리라는 작은 소망을 품었다.

  그리고 새벽 3시 17분, 마지막 밤이 지나간 지금, 오로라 빌리지에서 호텔로 돌아와 이 기록을 남기고 있다. 어제 하루는 병으로 쓰러져 있었고, 오늘은 하늘이 흐려 끝내 오로라를 제대로 볼 수 없었다. 그럼에도 나는 끝까지 희망을 놓지 않았다. "곧 구름이 걷힐 거야. 별이 나올 거야…" 스스로에게 끊임없이 암시를 걸었지만, 까칠한 그녀는 오늘도 내게 등을 돌렸다. 구름 너머 어딘가엔 분명히 존재하고 있을 그녀. 나는 오늘도 그 존재를 믿는다. 눈에 담지 못한 장면은 마음에 새긴다. 그렇게 나는, 오로라의 흔적을 가슴에 품고 이곳을 떠난다.

Un Passage No.251006, 200×200cm, Acrylic on Canvas, 2025.

제4장

사유의 빛, 존재의 색

- 기억, 관계, 그리고 다시 삶으로 돌아가는 길

죽음의 그림자, 태양의 빛

죽음….

나는 그의 작품에 드리운 죽음의 깊은 그림자를 정면으로 마주할 수 없었다.

고2 가을, 아빠와의 영원한 단절을 겪은 이후 세상은 언제든 무너질 수 있다는 불안과 공포가 내 안에 뿌리내렸다. 그날 이후, 죽음은 추상적 개념이 아니라 내 일상 속에 숨죽이고 웅크린 그림자였다. 학교에서 돌아와 텅 빈방에 앉으면, 언제나 거기 있어야 할 목소리가 사라진 현실이 나를 짓눌렀다.

그래서였을까. 뭉크의 그림 앞에 설 때마다, 그의 불안한 선과 거칠게 얹어진 붓질, 어두운 색채 속에 드리운 명암은 단순한 회화적 표현이 아니라 내 기억의 깊은 틈 올 찔러 들어왔다. 그것들은 내 안에서 아직도 덜 말라붙은 눈물과, 여전히 치유되지 못한 상실의 감각을 되살려냈다.

뭉크의 초기 대표작 가운데 하나인 〈병든 아이, The Sick Chaild〉(1886)는 누이 소피의 죽음을 그린 작품이다. 초록빛이 스며든 방 안, 창백하게 앉아 있는 소녀와 그의 곁을 지키는 여인의 붉은 머리카락이 대비를 이루며 화면을 지배한다. 비평가들은 이 그림을 보고 "거칠고 조악하다"라고 혹평했지만, 사실 그 거친 붓질은 뭉크가 감당해야 했던 상실의 흔들림을 그대로 옮겨 놓은 것이었다.

나는 이 그림 앞에서 오래 발걸음을 떼지 못했다. 아빠의 마지막 모습을 지켜보던 나 역시, 아무 말도 건네지 못한 채 시간만 흘려보냈다. "더 오래 살 수 있었더라면…" 하는 후회가 눈동자 속에서 계속 흔들렸다. 소피의 죽음을 그리던 뭉크의 손끝에 깃든 절망과 내 어린 시절의 상실은 서로의 거울처럼 마주 보고 있었다.

또 다른 작품 〈죽음의 방, Death in the Sickroom〉(1895)은 가족들이 병상에 둘러앉아 임종을 지켜보는 장면을 담고 있다.

화면 속 인물들은 서로의 시선을 피하고, 무겁게 드리운 공기의 결을 견디지 못하는 듯한 모습이다. 죽음의 자리에 남겨진 사람들은 모두 어딘가 부자연스러운 포즈로 얼어붙어 있다.

나는 그 장면이 너무도 익숙했다. 나의 아빠가 세상을 떠나던 순간, 우리 가족 역시 서로의 얼굴을 제대로 바라볼 수 없었다. 누구도 울음을 터뜨리지 못한 채, 방 안 가득 흐르던 침묵 속에 주저앉아 있었다. 죽음 앞에서 인간은 언제나 부자연스러워진다. 어떤 말도, 어떤 제스처도 충분하지 않다. 뭉크는 그 무력감을 너무나 정확히 포착했다.

뭉크의 이름을 세계에 알린 〈절규, The Scream〉(1893)는 단순히 개인의 두려움이 아니라, 근대 사회 전체를 뒤흔든 불안을 압축한 작품이다. 핏빛 하늘 아래 다리 위에 서 있는 인물은 입을 벌린 채 절규하지만, 그 절규는 사실 들리지 않는다. 오히려 보는 이의 귀를 먹먹하게 만드는 침묵의 울음이다.

나는 이 그림 속에서 십 대의 나를 보았다. 아빠를 잃은 뒤, 세상은 소음으로 가득했지만 동시에 아무 소리도 들리지 않는 공허로 변해 있었다. 친구들의 웃음소리조차 멀게만 느껴졌고, 나는 다리 위의 인물처럼 세상과 단절된 섬이 되어 있었다. 뭉크가 말한 "질병과 광기와 죽음은 내 요람을 지키던 검은 천사"

라는 고백은, 나의 십 대 시절을 요약하는 말이기도 했다.

그러나 뭉크의 예술은 죽음에 머물지 않았다. 만년에 완성한 〈태양〉(1911)은 그의 삶 전체를 결산하는 작품이었다. 캔버스 가득 폭발하듯 뻗어 나가는 태양의 빛은, 어둠을 뚫고 나온 생의 환희처럼 보였다.

그 앞에 섰을 때, 나는 뭉크가 끝내 죽음과 상실을 예술로 견뎌냈음을 실감했다. 그는 우울증, 광장공포증, 대인기피증에 시달렸지만, 자살로 생을 마감하지 않았다. 81세까지 붓을 놓지 않고 2만 5천 점이 넘는 작품을 남겼다. 죽음에 맞서 살아낸 그의 의지, 그 빛나는 태양이 나의 가슴을 흔들었다.

그 순간, 아빠와의 이별이 내게 남긴 결핍 또한 다르게 보였다. 상실은 내 삶을 파괴하기만 한 것이 아니라, 나를 지금의 나로 만든 토양이기도 했다. 뭉크가 죽음을 직시하면서도 태양을 그렸듯, 나 역시 언젠가 내 삶의 어둠을 넘어 빛을 그릴 수 있으리라는 희망을 품게 되었다.

뭉크의 작품 속 죽음은 내 개인의 경험과 끊임없이 중첩된다. 〈병든 아이〉의 소피는 아빠의 병실에 겹쳐지고, 〈죽음의 방〉은 우리 가족의 무력한 침묵과 겹쳐진다. 〈절규〉의 핏빛 하늘은 십대의 나를 삼킨 고독과 겹쳐지고, 마지막으로 〈태양〉의 찬란한 빛은 지금, 이 순간을 살아내는 나의 숨결과 겹쳐진다.

비로소 나는 뭉크를 좋아하게 되었다. 이번 노르웨이 여행에서 마주한 그의 작품들을 통해 그와 화해하게 되었다. 그는 죽음을 피해 가지 않았고, 죽음을 견디며 끝내 빛을 그려냈다. 그리고 그의 작품은 나에게도 속삭인다.

"죽음은 네 삶을 가를 수 있지만, 그것이 너를 끝내 무너뜨리지는 않을 것이다."

미술로 밥 벌어먹기

2000년, 한국에 돌아온 지도 어느덧 1년이 되어갈 무렵이었다. 이제는 내가 배운 것으로 밥벌이를 해야 했다. 혼자의 몸이 아니었다. 갓 돌을 지난 아기를 안고 있었고, 양가 모두 IMF의 여파로 어려운 상황이었다. 생활전선에 뛰어드는 것 외엔 다른 선택지가 없었다.

유학 시절까지는 비교적 풍족한 생활을 누릴 수 있었지만, IMF 시절 도장 하나 잘못 찍은 일로 온갖 수난을 겪고 계신 엄마께 더는 기대기 어려웠다. 귀국 후에도 엄마 집에 얹혀사는 처지였기에 앞이 막막했다. 무슨 일이든 해야 아이를 데리고 살아갈 수 있었다.

아이가 태어난 지 3개월도 되지 않았을 무렵, 분당의 한 대형 교회에서 통역 아르바이트를 하게 되었다. 그것이 끝난 뒤에는 청담동에 사는 엄마 지인의 딸에게 미술을 가르치기도 했다. 이후에는 잠시 기간제 교사로 초등학교에 근무했지만, 건강 문제와 학교장과의 마찰로 석 달도 채우지 못하고 그만두었다.

그즈음 나는 문득 깨달았다. 그동안은 단순히 생계를 위한 일이라고 생각했는데, 이제는 정말 내 손으로, 내 방식대로 미술을 가르쳐보고 싶다는 마음이 분명해졌다. 미술은 내게 가장 익숙한 소통방식이었고 나는 늘 그림을 통해 세상을 표현하고 이해해 왔다. 게다가 그림은 내가 가장 사랑하고 잘하는 것이기도 했다. 그래서 그것으로 누군가에게 무언가를 전하고 싶었다. 특히 어린이들에게, 그들의 감성과 눈높이에 맞춰, 정해진 틀을 억지로 씌우지 않고 자유로운 그림체를 존중하며 가르치고 싶었다.

결국 2000년 가을, 엄마께 3,000만 원을 빌려 경기도 덕소에 미술 교습소를 차렸다. 12평 남짓한 아파트 상가 2층 공간에 허가를 내고, 직접 인테리어를 하고 광고 전단지도 제작해 아파트 단지에 돌렸다. 그렇게 학생을 모집하기 시작했다.

이때 나는 학벌의 힘도 실감했지만, 그보다 더 강력했던 것은 작가로서의 진정성과 교육자로서의 철학이었다. 광고를 낸 지두 달 만에 50명 정원이 모두 찼고, 대기자 명단까지 생겨났다. 차량 운행도 하지 않았지만, 아이들은 몰려왔고, 학부모들은 내 수업 방식에 신뢰를 보냈다.

나는 월·수·금반, 화·목반으로 나누고 하루 다섯 타임만 운영했다. 한 시간 정원은 8명 이하로 제한했고, 수업 중에는 상담도 받지 않았다. 수업은 '그리는 기술'보다 '생각하는 그림'에 초점을 두었다.

수업이 끝난 밤에도 나는 남아서 미술교육 공부에 몰두했다. 일본의 미술 교과서를 찾아 읽고, 미국의 창의적 미술교육 이론을 참고하며 나만의 교수법을 만들어갔다. 어떻게 하면 아이들이 그림 속에서 더 자유롭게 자신을 표현할 수 있을까, 매일같이 고민했다.

아이들에게는 늘 묻고 또 물었다. "오늘은 어떤 걸 그리고 싶어?", "왜 이 색을 골랐을까?" 그렇게 함께 이야기 나누며, 각 아이가 가진 고유한 시선을 존중했다. 모든 아이들이 내 아이 같아서 귀엽고 예뻤다. 나는 그들의 작은 손끝에서 무한한 가능성을 보았고, 그 가능성을 꺾지 않기 위해 애썼다.

나는 아이가 어리다고, 그림을 배운 적 없다고 결코 한계를 두지 않았다. 미술은 누구에게나 열려있는 세계라는 믿음이 있었다. 그렇게 부모도, 아이도 조금씩 변화했다. '잘 그리는 법'보다 '다르게 보는 법'을 배우는 교실이 되어갔다.

처음엔 먹고 살기 위해 시작한 일이었지만, 나는 점점 '미술교육자'로서의 자의식을 갖게 되었다. 아이들이 자기 안의 창의성을 발견하고, 그것을 자유롭게 표현할 수 있도록 곁에서 도와주는 일은 단순한 일자리가 아니라 어느새 나의 또 하나의 작업이 되어 있었다.

그리고 나 역시 그 과정을 함께 겪으며 조금씩 성장해 가고 있었다.

이 시기, 아이들의 작품을 지켜보면서 나는 중요한 사실 하나를 깨달았다.

형태보다 색이 더 강하게 감정을 전달할 수 있다는 것.

같은 대상을 보고 그린 정물화에서도, 그림을 구별 짓는 가장 강력한 요소는 형태가 아니라 색채였다.

색이 형을 압도하고, 기억을 사로잡고, 마음을 움직이는 순간들을 아이들의 그림 속에서 나는 자주 마주했다.

가짜 채식주의자의 유감

나는 못 먹는 게 많아서 사는 게 그리 편치 않다.

분명 여섯 살까지는 뭐든 잘 먹는 아이였다. 심지어 우량아였다. 그런데 어느 날, 생선을 먹다 목에 가시가 걸렸다. 뾰족한 생선 가시 하나가 내 목에 깊이 박힌 순간, 나는 음식을 향한 근본적인 불신과 공포를 갖게 되었다. 그날 이후, 내 식탁은 예전 같지 않았다.

그즈음 우리 집에는 마산 고모가 함께 살고 계셨다. 젊은 나이에 과부가 된 고모는 자식들을 출가시킨 뒤, 서울에 있는 막내 동생, 곧 우리 아빠네 집에 올라와 더부살이하셨다.

대형 미술학원을 하던 엄마와 대학교수인 아빠는 늘 바빴지만, 집에는 고모와 할머니, 그리고 일하는 언니가 함께 있어서 우리 삼남매는 외롭지 않았다.

고모는 경상도 사투리가 아주 찰졌다.

친구들이 놀러 왔다가 고모의 사투리에 화난 줄 알고 도망치듯 돌아간 적도 있었다. 하지만 고모는 정 많고 입담 좋은 분이셨다. 마당에 빨래를 너는 틈에도, 주방에서 나물을 무치는 중에도 옛날이야기와 전설을 술술 풀어내곤 하셨다.

문제는 그중 하나였다. 해가 어스름해질 무렵, 공터에서 친구들과 놀다 집으로 돌아온 나에게 고모가 슬쩍 이런 말을 꺼냈다.

"요즘 동네에 문딩이들이 출몰한다카더라."

"그 사람들은 살이 녹아 문드러지는 천벌을 받았는데, 병을 낫게 하려고 애들을 술독에 담가 손톱, 발톱을 다 뽑고… 삶아 먹는대이."

문딩이.

처음 듣는 그 단어가 나는 이상하게도 더 무서웠다. 살이 썩어간다는 말, 손발톱을 뽑는다는 구체적인 묘사. 그날 밤 나는 악몽에 시달렸다.

설상가상으로 그때 막 읽었던 동화책 헨젤과 그레텔이 기억 속에 겹쳐졌다.

마녀가 아이를 잡아먹기 위해 살을 찌운다는 설정이 고모의 이야기와 맞물리며, 나는 아이를 노리는 어른들에 대한 공포심에 휩싸이게 되었다.

그 무렵, 나는 심하게 앓았다. 홍역이었다.

고열로 앓는 며칠 동안 나의 고통에 대한 첫 기억, 불쑥불쑥 떠오르던 장면은 마녀와 문둥이, 그리고 고통스러운 내 몸이었다. 고모가 들려준 이야기가 꿈속에서도 반복되었고, 병상 위의 나는 내 살이 아닌 '누군가의 살'을 먹는다는 행위 자체가 견딜 수 없이 끔찍하다고 느끼게 되었다.

그리고 그렇게, 나는 어느 날부터 '고기'를 거부하기 시작했다.

물고기는 생선이고, 생선은 물에 사는 생명이라는 사실이 너무 분명하게 느껴졌고, 소고기는 그 귀엽고 눈망울 큰 소의 살이라는 걸 갑자기 깨달아 버린 것이다.

그 이후 나는 밥상에 앉아 밥그릇을 들고 도망치는 일이 잦았다.

꾸중을 들어도, 나는 감자와 채소만 골라 먹었다.

달걀조차도 냄새가 비리다며 멀리했다. 고등학교에 들어가서야 어쩔 수 없이 입에 대기 시작했을 정도니, 부모님의 속이 얼마나 탔을지 짐작이 간다.

치킨도 마찬가지다.

닭 냄새는 내겐 고약하게 느껴졌고, 그 생김새며 걸음걸이, 고개를 홱 돌리는 버릇까지 도무지 정이 가지 않았다. 남들이 다 좋아하는 그 황금빛 튀김도, 내게는 전혀 매력적이지 않았다.

그런 내가 마흔둘, 박사논문을 쓰던 시절, 뜻밖의 사건으로 소고기를 처음 내 손으로 먹게 되었다.

논문 지도를 받고 나오는 길이었다. 교수님의 한마디 한마디가 머릿속을 뒤흔들어 놓았고, 머리는 백지가 되었으며, 정신은 멍했다. 피가 머리로 공급되지 않는 느낌, 일종의 뇌정지 상태.

그날 일행들과 함께 소고깃집에 갔다.

불판 위에서 피가 뚝뚝 떨어지며 구워지는 고기를 멍하니 바라보다가, 문득 이런 생각이 들었다.

"저걸 먹어야 내가 살겠다."

정신이 텅 빈 상태에서 나도 모르게 고기를 집었다.

그렇게 고기를 먹는 내 모습을 보고 일행들이 깜짝 놀랐다.

"아니, 하 선생이 고기를 먹다니? 무슨 일 있어요?"

그날 이후로 나는 아주 조금씩 고기를 먹기 시작했다.

물론 여전히 날것이나 선홍빛 고기는 힘들다.

하지만 잘 익은 소고기는 가끔, 아주 가끔 먹는다.

전복이나 조개도 구운 것, 파스타에 들어간 것 정도는 괜찮다.

그렇다고 내가 단백질을 충분히 섭취하는 건 아니다. 하루 권

장량에는 여전히 한참 못 미친다.

그 때문인지 체력이 약하고 근력도 부족하다.

병원에서 근육량이 부족하다는 얘기를 들을 때마다 알약으로 단백질을 먹을 수 있다면 얼마나 좋을까? 하는 생각을 하곤 한다.

오십이 훌쩍 넘은 지금까지도 나는 여전히 식탁 앞에서 눈치를 본다. 가리는 음식 앞에서 나도 민망하고, 남들도 어이없어 하는 걸 느낀다. 가끔은 스스로가 한심하고, 민폐 같기도 하다.

체면이라도 걸면 고기를 좋아하게 될까? 혹시 최면을 배우면 바뀔 수 있을까?

이렇게 나는 '가짜 채식주의자'로 살아간다. 먹고 싶지 않은 게 아니라, 못 먹는 것이다.

그저 어린 날, 너무 일찍 세상의 공포를 알아버린 미각의 희생자일 뿐이다.

감사의 전시 인연

살아오며 힘든 일도 많았지만, 그만큼 감사한 일들도 헤아릴 수 없이 많았다. 내년에 있을 개인전을 떠올리다 보니 마음이 더욱 따뜻해지고, 지난 인연들이 새삼 소중하게 다가온다.

Gallery Artside.

유학을 마치고 돌아와 미술 교습소를 운영하며 틈틈이 작업을 이어가던 시절, 인사동 나들이는 내게 가장 큰 즐거움이었다. 어느 날, 친구 허욱 작가의 개인전이 열리던 아트사이드 전시장에 들어섰을 때, 그곳의 세련되고 매혹적인 화이트큐브 공간에 완전히 매료되었다. 오가며 갤러리 대표의 얼굴을 기억해 둘 만큼 마음이 끌리던 장소였다.

얼마 뒤 예술의 전당에서 열린 마니프전에 참가하게 되었을 때, 그 기억 속 인물이 내 부스 앞으로 다가왔다. 아트사이드 이동재 사장님이었다. 그 순간 어디서 용기가 났는지, 나는 불쑥 말을 꺼냈다.

"제가 제일 전시하고 싶은 곳이 갤러리 아트사이드입니다. 제 작업을 봐주실 수 있을까요?"

잠시 머뭇거리시던 사장님은 내 작업을 둘러보시고 명함을 내밀며, 갤러리에 한번 찾아오라고 말씀해 주셨다.

그 작은 인사가 인연이 되어, 작품이 팔리지 않는 개인전임에도 불구하고 2004년, 2006년, 2009년 세 번의 전시 기회를 주셨다. 2008년에는 북경 798 예술 지구의 레지던시에 6개월간 머물 수 있도록 도와주셔서, 원 없이 큰 작품에 몰두할 수 있었다. 그때는 둘째를 임신해 불룩한 배를 복대로 감싸며 작업을 해야 했지만, 오히려 그 시간은 나를 단단하게 만들어주었다.

2009년 북경 아트사이드 전시는 규모와 품격에서 어디에 내놓아도 손색없는 자리였다. 그러나 결과는 단 한 점 판매. 물류비 등 경제적 부담이 상당했을 텐데도, 사장님은 단 한마디 불평조차 하지 않고 오히려 더 힘내서 그리라고 격려해 주셨다. 그

은혜를 잊을 수 없다.

그리고 내년, 2023년 3월 3일. 다시 아트사이드에서 전시를 하게 되었다. 시간은 흘렀지만, 같은 자리에서 다시 호흡을 맞출 수 있다는 사실이 내 마음을 설레게 한다. 늘 따뜻하게 응원해 준 아트사이드 가족에게 보답할 수 있는 길은 오직 좋은 작업뿐이다.

아프지 말고, 오늘도 한 겹 한 겹 붓질을 올리자. 감사의 마음을 물감 속에 새기며.

가을, 지금, 여기에 머무는 연습

티맵을 켜보니 용문사까지 25분.

주말이면 엄두도 못 낼 곳인데, 어느 평일 오후 3시 반, 문득 마음이 움직였다.

"이 작업만 끝나면… 지금, 이 프로젝트만 마무리하면…"

나는 늘 행복을 미래에 저당 잡혀놓고, 무식하리만치 앞만 보고 달려왔다.

계룡산에 사는 보고 싶은 친구 순자와는 몇 년째 약속만 주고받았고,

제주 협재에 얻은 정원이 딸린 예쁜 에어비앤비 숙소에서의 한달살이도.

딸아이만 보내놓고 나는 끝내 가지 못했다.

나는 늘 '지금'이 아닌 '그때'를 살아가고 있었던 것 같다.

잠시 쉬어가고 싶은 마음이 들 때마다

"마감 기한 잊었어?", "지금 이러고 있을 때가 아니지"

내 안의 또 다른 내가 어김없이 다그쳤다.

나는 내 삶을 미래에 담보로 잡고, 작은 쉼조차 스스로에게 허락하지 못한 채

늘 조바심을 품고 굽신거리며 살아왔던 것이다.

요즘 지인들의 SNS에 눈부신 단풍 사진이 연이어 올라온다.

한숨을 쉬며 작업을 하다가, 결국 붓을 개수대 물통에 담그고 앞치마를 벗었다.

용문사 입구에 들어서자 바람이 먼저 계절을 알려왔다.

맑고 청량한 공기 속에서 나뭇잎들이 축제의 빛깔로 물들어 있었다.

붉은빛, 주황빛, 금빛의 단풍들이 햇살을 받아 반짝이며 나에게 손을 흔들었다.

등산로를 따라 걷다 보니, 마치 누군가 정성껏 수를 놓은 듯

나무 하나하나가 고유의 빛으로 "나를 봐달라"고 이야기하는 듯했다.

알록달록한 등산복을 입고 하산하는 사람들과 반대로

나는 바스락거리는 낙엽 길을 씩씩하게 올랐다.

노무라 준이치의 문장이 떠올랐다.

"색채는 눈으로만 보는 것이 아니라, 피부로도 느끼는 것이다."

그 말처럼 나는 지금, 색채를 온몸으로 흡입하고 있었다.

자연이라는 열린 공간 안에서, 내 피부가 생동하고 빛을 발하고 있었다.

그 짧은 시간의 충만함은 말로 다 표현할 수 없었다.

가을은 단지 풍경이 아니라, 코로 들어와 허파를 채우고

내 안을 조용히 다독여주는 언어 같았다.

행복이란 어쩌면,

이런 무심한 평일 오후, 가을빛 속을 걷는 것처럼

그저 마음이 시키는 대로 움직이는 데 있는 건지도 모르겠다.

지금, 이 순간이 가장 소중하다는 것.

그 단순하고 분명한 진리를

다시 한번 마음 깊이 새기며 돌아오는 길이었다.

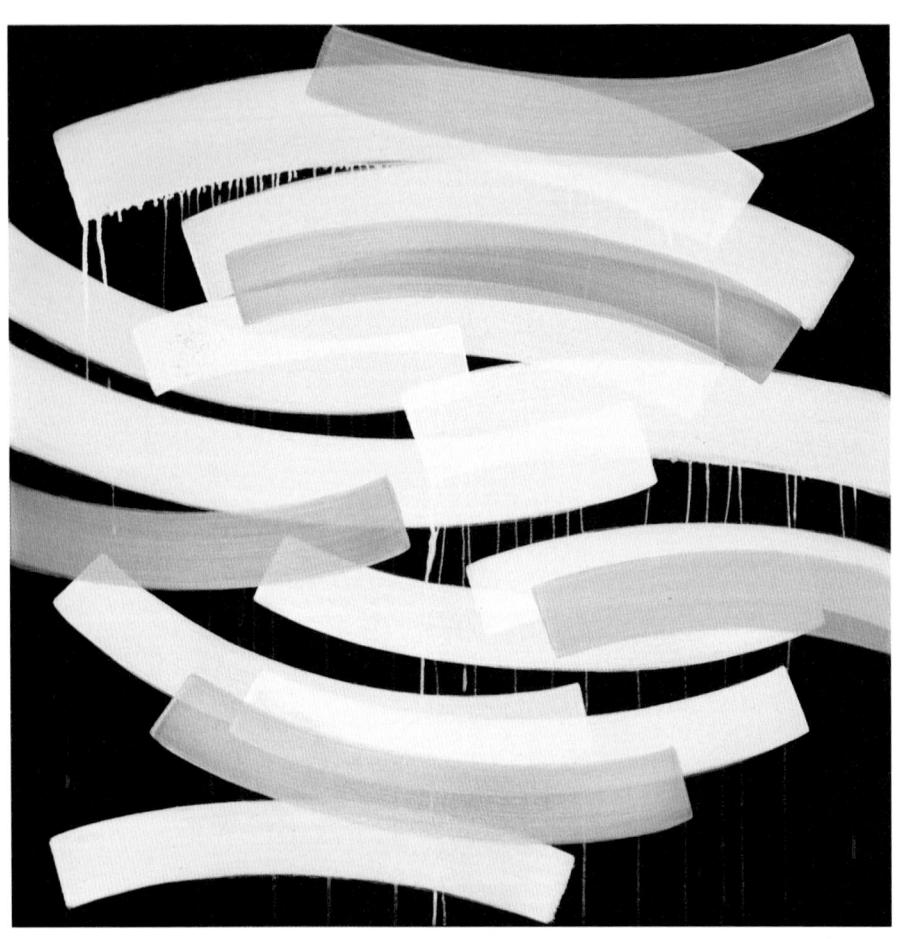

Un Passage No.233001, 100×100cm, Acrylic on Canvas, 2023.

Un Passage No.244092, 100×100cm, Acrylic on Canvas, 2024.

내 나이 오십삼 세,
편애에서 나를 돌아보다

여자의 황금기에 대해 친구들과 이야기 나눈 적이 있다. 누군가는 스물일곱이 가장 빛나는 나이라고 했고, 어떤 이는 서른 초반이 화사하고 좋다고 했다. 나는 망설임 없이 대답했다. 아기를 잉태하고 있는 여인이야말로 가장 아름답다고. 그 생각은 세월이 흘러도 변하지 않는다.

하지만 정작 내 임신기에는 내 아름다움을 돌아볼 겨를조차 없었다. 스물일곱에 첫 아이를 낳았을 때, 나는 아직 너무 어리고 미숙했다. 세상을 알아가기도 전에 맞닥뜨린 출산은 내 몸과 마음을 압도했다. 기쁨도 있었지만, 어린 나이에 감당하기 힘든 막막함과 슬픔이 더 짙게 남았다. 그 시절을 회상하면 여전히 가슴 한쪽이 시리게 아리다.

　서른일곱에 맞이한 둘째이자 막내 출산은 상황이 또 달랐다. IMF 이후 휘청이는 살림살이, 빠듯한 생활비, 넉넉함은 언감생심 꿈꿀 수도 없던 때였다. 학문과 작업을 이어가야 했고, 동시에 생계를 꾸려야 했다. 출산은 나를 단련시키는 혹독한 통과의례 같았다. 그럼에도 불구하고, 내 안에 자라고 있는 작은 생명이 건네는 무언의 응원은 나를 생존하게 하는 힘이었다.

　혈관에 바늘을 꽂는 것조차 극도로 두려워하던 내가, 엄마라는 이름 하나로 매달 병원을 찾아 피를 뽑았다. 바늘이 팔에 꽂히는 순간마다 나는 내가 아닌 또 다른 존재를 지켜내야 한다는 책임감에 눈을 감고 손을 꽉 움켜쥐었다. 그것은 단순한 검사가 아니라, 모성이라는 이름으로 스스로를 넘어서는 용기였다.

　불러오는 배를 복대로 칭칭 동여매고 대형 캔버스 앞에 서던 순간도 선명하다. 허리를 굽히고, 땀을 뻘뻘 흘리며 작업을 이어갈 수 있었던 건 뱃속 아이가 함께였기 때문이다. 그 시절 내 그림의 색채와 질감 속에는 보이지 않는 아이의 박동이, 내 안에서 들려오는 심장의 이중 리듬이 스며 있었다.

　막내에게 붙여준 애칭은 '우돌스키'였다. 우직한 돌쇠처럼 튼튼하게 자라라는 바람과, 차이코프스키·도스토예프스키·칸딘

스키 같은 러시아 예술가들의 정신을 담은 이름이었다. 십 년 만에 얻은 아이였지만, 그만큼 내가 챙겨주지 못한 미안함도 크다. 박사학위 준비와 강의, 작업에 치여 아들에게 마음껏 시간을 내주지 못했다. 그런데도 그는 남자아이라 그런지, 혹은 타고난 기질 덕분인지, 엄마의 부재와 소홀함을 묵묵히 받아내 주었다.

세월이 흘러 아이들이 커 가면서 나는 거울을 보듯 깨닫는다. 내가 어머니께 품었던 불만과 아쉬움이, 똑같이 내 딸의 입에서 흘러나온다는 사실을. 2남 1녀의 가운데로 태어나 늘 오빠에게 치이고, 동생에게 밀렸다고 여겼던 내 피해 의식은 여전히 뿌리 깊다. 그런데 내 딸 역시 엄마의 시선이 막내에게 더 부드럽게 향한다는 걸 예리하게 읽어낸다. 내가 의식하지 못하는 순간조차, 딸의 눈은 이미 그것을 포착해 낸다. 편애의 그림자가 세대를 건너 이어지는 듯해 가슴이 뜨끔해진다.

나는 나의 어머니가 그랬던 것처럼, 완벽하지 않은 엄마로 살아왔다. 사랑하지만 부족했고, 주고 싶었지만 채워주지 못한 시간과 정이 있었다. 그럼에도 불구하고 아이들은 저마다의 방식으로 그 빈자리를 견뎌내며 성장했다. 어쩌면 편애란 한쪽으로 기울어진 저울이 아니라, 사랑의 무게가 시간과 상황에 따라 달리 쏟아지는 순간의 기록일지도 모른다.

이제 나이 오십삼 세. 나는 과거의 상처와 미안함, 그리고 미처 다 표현하지 못한 사랑을 함께 끌어안으며 나를 돌아본다. 젊음의 황금기가 아닌 지금, 이 나이에야 비로소 '나의 생애의 황금기'가 시작되고 있다는 생각이 든다. 세월은 나를 마모시키기도 했지만 동시에 단단하게 다져 주었다. 그 덕분에 이제야 나는 내 얼굴의 주름과 흰머리, 그리고 아이들과의 관계 속에서 진짜 나의 이야기를 담담히 꺼낼 수 있게 된 것이다.

당신을 기다리며

 오월의 숲은 열 살배기 소년 같다. 보드라운 연둣빛을 머금고 여름을 이겨낼 단단한 초록색으로 옷을 갈아입는다. 나는 인생의 어떤 계절을 맞고 있는 것일까.

 가정의 달 오월을 맞아 나의 어린 시절을 떠올려 보면, 한 폭의 그림이 눈앞에 펼쳐진다.
 미국 펜실베니아 출신으로 학업과 생의 대부분을 프랑스에서 활동한 다니엘 리지웨이 나이트(1839-1924)의 '기다림 Awaiting the Return'이라는 수채화 작품이다. 그는 주로 따스하고 화사한 목가적인 그림을 그리는 작가다. 그의 작품은 파리 근교 세

느강의 어느 마을에서 자연과 꽃, 달빛과 여인들의 모습 등을 행복하고 화사하게 표현하고 있다. 그의 따스하고 정감 있는 밝은 그림 중에 유독 외로움과 쓸쓸함이 감도는 그림이 이것이다. 한 여인이 강가 풀밭 위에 털썩 주저앉아 붉은 겉옷을 곁에 널브러뜨리고 강 건너를 주시하고 있다. 그리운 누군가를, 넋을 놓고 하염없이 기다리고 있는 것이 틀림없다. 하늘마저 어둡게 구름이 깔려있어 기다리는 여인의 우울한 마음을 잘 표현해 준다. 누구를 기다리고 있는 것일까?

외로움이 배어 있는 이 그림은 귀가가 늦은 부모님을 기다리는 나의 어린 시절, 어느 날의 풍경과 중첩된다. 그 당시 잘 안 팔리는 추상화를 그리는 미대 교수 아버지와 여기저기 대학 강의와 미술학원을 하시며 생계를 꾸려오신 억척 어머니 그 두 분의 삶은 너무도 바쁘셨다. 그래서 나와 형제들은 일하는 아주머니와 나름 자율적인(일명 방목) 시간을 보내야만 했다. 어린 시절의 밤은 왜 그리 길고 어두운지 저녁을 먹고 한참을 지루하게 기다림의 시간을 맞이한다. 9살 수심 깊은 나는 비가 내리는 창밖으로 시선이 고정되었다. '언제 오시려나….' 멈춰서는 택시마다 이층에서 내려다보며 한숨짓던 어린 나의 모습이 아스라하다.

대를 이어 '기다림'을 물려주는가? 워킹맘인 나도 나의 자식들에게 '기다림'이라는 인내심을 갖게 한다. 사춘기를 벗어나는 18세의 나의 딸은 가끔 어릴 적 자신이 서운했던 것들을 나열하기 시작한다. '내가 어렸을 때 엄마는 이랬더라 저랬더라'라는 식의 서운함을 늘어놓기가 바쁘다. 나름 열심을 다해 딸을 키운 나는 좀 억울하다. 기억과 진실은 차이가 있기 마련이지만 해명하자니 좀 구차하다. 딸이 지금의 내 나이가 되어야 '여자의 삶', 과 '일하는 엄마'에 대해 이해 할 수 있으려나.

일찍 돌아가신 아버지와의 추억이 지금까지 함께 한 어머니보다 만족스런 '공유기억'을 가지고 있는 것이 놀랍다. 44년을 함께 한 지극정성의 어머니보다 16년을 채우지 못한 아버지와 사랑의 충족 지수가 더 높은 이유는 왜일까? 미완의 부정(父情)때문일까?

3년 동안 암 투병을 하시던 아버지의 곁에서 단둘이 마주하며 밥을 나누던 기억이 많다. 어머니는 상대적으로 무척 바쁘셨다. 대학 강의와 작품활동에 아버지 암 투병 수발까지 눈물겨운 시간을 보내셨으리라 생각한다. 무엇이 어머니와 채우지 못한 여백을 아쉽게 하는가. 그것은 양적 시간만의 문제가 아닌 것 같다. 아버지와는 단둘이 독대한 시간들이 켜켜이 쌓여 기억의 공유가 일어난 것이다. 질적 시간의 충족도도 높았던 것 같다. 자녀가 건강하게 성장하는 조건은 안정적인 세상을 탐색할 수 있도록 세상과 가교의 역할을 하는 것이 아닐까?

나의 아버지는 나의 꿈을 살펴 보고 구체적인 안내자 역할을 하셨다. 질적 시간을 논하자면 비단 워킹맘의 고충만은 아닐 것이다. 비록 함께 나누는 시간은 턱없이 부족해도 공감의 질적 교차 부분을 충분히 활용하자. 함께 단둘이 식사를 하며 아이의 눈을 보고 눈동자에 스치는 감정의 모습을 읽어보자. 아이가 여럿일 경우에 각각의 아이들과 독대하는 시간이 필요할 것 같다. 부모들은 더 좋은 환경과 더 많은 기회를 주기 위해 아이들과 함께 할 현재의 시간을 빚지고 있다. 미래의 것에 가치를 두기보다는 현재의 아이의 마음과 교감하자. 내가 어릴 적 내 어머니의 나이가 되어 아이들이 필요로 하고 기다리는 시간을 줄여주지 못함의 안타까움을 느끼기에 앞서 내 아이의 꿈과 고민을 함께 나누기를 나 스스로 이 지면을 통해 희망해 본다.

바람이 매섭던 날

3년 만에 다시 타는 전철.

그동안은 바쁜 일정과 간간이 찾아오는 공황 증상을 핑계 삼아 사람 많은 공간을 피해 왔다. 자가용에 익숙한 나는 표 한 장 사는 일조차 낯설어 잠시 머뭇거렸고 그렇게 겨우 경의·중앙선에 몸을 실었다.

프리드리히 니체는 말했다.

"살아야 할 이유를 아는 사람은 어떤 상태에서도 견딜 수 있다."

하지만 그 말을 온전히 이해하기까지 나는 꽤 긴 시간을 돌아와야 했다.

한때 몸은 망가지고 정신은 더 피폐해졌다. 생활전선에 뛰어들어 고군분투하던 시절도 지나고 황폐하고 힘들었던 이혼도 지나갔다. 전임교수직을 5년간 버텨낸 끝에 결국 사표를 내고 돌아선 지금까지도 나는 여전히 마음을 졸이며 살아간다. 하지만 이제는 안다. 얼굴에 축축한 물수건을 덮어놓은 것 마냥 힘들었던 그 시간에서 벗어나 있다는 사실만으로도 얼마나 감사한 일인지….

2013년의 어느 날, 바람이 제법 매섭던 날이었다.
나는 아파트 19층 베란다 문을 열고 난간에 몸을 기댄 채 문턱 위에 올라서 있었다.
그날, 나는 분명 끝내려 했다.
하지만 그 순간 말로 설명할 수 없는 강력한 힘이 나를 붙잡았다.
정신을 차리고 보니 나는 방바닥에 주저앉아 울고 있었다. 고소공포증이 있는 내가 어떻게 그 위험한 문턱에 올랐는지, 어떻게 몸이 돌아섰는지도 기억나지 않는다. 그저 누군가가, 혹은 무언가가 나를 앞에서 밀쳐낸 듯한 기분이었다.

다음 날 아침 용기를 내어 모임에서 알게 된 정신과 의사 선생님께 전화를 걸었다.

청담동의 한 카페에서 마주한 나는 조심스럽게 입을 열었다.

삶을 끝내고 싶은 충동이 자주 올라와 두렵다고…. 운전 중에도 갑자기 핸들을 꺾고 싶은 생각에 휩싸이고, 당시 매일 복용해야 했던 수면제를 한꺼번에 삼킨 적도 있었고, 그날도 약에 취한 상태에서 베란다 턱 위에 올라섰다고 말했다.

선생님은 내 거주지와 여건을 고려해, 교대역 근처에서 정신분석 치료를 하는 강이헌선생님을 소개해 주셨다.

그렇게 나는 치료를 시작했다.

처음엔 일주일에 두 번, 병원을 찾았다. 50분간의 정신분석적 정신 치료와 함께 약물도 다시 조절했다. 그렇게 1년 넘게 병원에 다녔다. 그러는 사이, 나를 괴롭히던 자살 충동은 조금씩 물러났다.

하지만 상태가 조금 나아지자, 마음이 느슨해졌다.

교대까지의 거리가 멀다는 핑계로 다시 동네 정신과를 찾았고, 예전처럼 졸00을 처방받기 시작했다. 상담이 짧아질수록 약에 대한 의존은 강해졌다.

TV에서 경고하던 부작용을 알면서도, 순식간에 잠에 빠져드는 그 달콤함을 뿌리치기 힘들었다.

그 약의 가장 치명적인 부작용은 기억이 끊어진다는 것이었다.

어느 날 전시장에서 마주친 사람이 분명 아는 얼굴이었지만 이름이 떠오르지 않았다. 핸드폰에 저장된 이름인데도 마치 머릿속에서 완전히 삭제된 듯했다. 상대는 몹시 불쾌해했고 나는 그 순간 바닥없는 어둠 속으로 빠져드는 기분을 느꼈다.

그때 나는 다시 강이헌 선생님을 찾았다.

정신분석적 치료를 재개하면서 수면제도 끊고 운동도 시작했다.

기억은 서서히 돌아왔다. 무엇보다 무서웠던 공황장애의 그림자도 점점 사라졌다.

상담 시간 동안 나의 일상과 감정을 깊이 들여다보는 과정을 거치면서 마음에 얹혀 있던 굳은살이 벗겨지고 새살이 돋는 듯한 회복을 체감할 수 있었다.

감정을 억누르고 밀어내던 습관에서 벗어나 나의 목소리를 듣고 나의 속도를 인정하게 되었다.

지금 나는 아직도 완전히 회복되었다고 말하진 못한다.

하지만 분명한 건, 그날 베란다 문턱 위에서 느꼈던 절망의 끝에서는 아주 멀리 걸어 나왔다는 것이다.

더 이상 수면제 없이 잠들 수 있고 낯선 공간에서도 불안을 느끼지 않는다.

누군가와의 약속을 피하지 않고 사람 많은 곳에서도 편안하게 숨 쉴 수 있다.

이전보다 더 단단해졌고, 무엇보다 더 평온해졌다.

그리고 그 여정 끝에서 나는 알게 되었다.

삶은 언제든 무너질 수 있지만, 다시 세워갈 수도 있다는 것.

회복은 극적인 변화가 아니라, 아주 사소한 결심의 반복이라는 것.

그리고 무엇보다, 사람은 혼자서 일어나는 존재가 아니라는 사실을 말이다.

내 소중한 삶을 붙들 게 해준, 살아야 할 이유는 나를 사랑하는 사람들이었다.

내 가족, 나의 친구들, 그리고 내 곁을 지켜준 사람들.

그들을 떠올리며 끝내 삶의 동아줄을 놓지 않았던 그 순간들을 나는 잊지 않으려 한다.

지금의 나는, 그 어둠을 뚫고 걸어 나온 사람이다.

조금 더 단단하고, 조금 더 빛을 향해 서 있는 사람이다.

먹먹한 위로

 불행을 너무 많이 겪어서 이제는 희망을 품는 게 더 힘들다고, 그녀가 말했다. 순간 가슴이 서늘해졌다. 낮게 깔린 목소리 속에 오랜 세월 쌓인 무게가 담겨있었다. 방 안의 공기마저 가라앉는 것 같았다.

 나는 무슨 말을 해야 할지 몰라 잠시 멈췄다. 그리고 결국 흔한 말을 내뱉었다.

 "괜찮아, 다 잘될 거야."

 말이 끝나자마자 그 공허함이 밀려왔다. 닿지 못할 위로가 허공에서 흩어지는 걸 보는 듯했다.

 위로란 답을 주는 게 아닐 것이다. 내일이 달라질 거라 장담

하는 것도 아니다. 그저 옆에 함께 서서, 절망을 있는 그대로 들어주고, "나는 네가 버티고 있다는 걸 알아." 하고 눈빛으로 건네는 것. 어쩌면 그것으로 충분하다.

희망은 말 속에서 자라지 않는다. 그것은 서로의 체온이 스치고, 눈빛이 잠시 머무는 순간에 천천히 생겨난다.

내가 먹먹해졌던 건, 나 역시 그 마음을 지나왔기 때문일 것이다. 끝나지 않을 것 같은 어둠 속에서 들었던 말들, 때로는 짐이었지만 어떤 순간엔 숨 쉴 틈이 되어주었던 기억들.

그래서 이제는 성급히 희망을 말하지 않으려 한다. 불행이 드리운 긴 그림자를 지우려 애쓰기보다, 그 안에 함께 서 있는 쪽을 택하고 싶다. 희망은 멀리서 번쩍 다가오는 게 아니라, 곁에 머무르려는 마음속에서 천천히 피어나는 것임을 믿는다.

샤갈, 나의 편견을 깨다

 나는 한 때 마르크 샤갈(Marc Chagall)을 외면했다. 그의 그림은 일러스트 같고 지나치게 밝아, 유치하다고까지 여겼다. 그러나 그 선입견은 2006년 니스 샤갈 미술관에서 산산조각이 났다.

 "난 샤갈 별론데…." 중얼거리며 홀 입구에 들어서는 순간, 나는 마치 자동차 불빛에 놀란 고라니처럼 넋이 나가 그 자리에 얼어붙었다. 눈앞에 펼쳐진 색과 빛, 성서와 신화, 인간적 사랑이 겹겹이 뒤엉킨 장면들은 내게 한동안 말을 잃게 했다.

 샤갈은 1887년, 러시아 비텝스크에서 가난한 유대인 생선 장수의 장남으로 태어났다. 불굴의 의지로 그림을 향한 꿈을 이어가며 상트페테르부르크에서 수학한 뒤, 후원자의 도움으로 파리에 정착했다. 옷이 단 한 벌뿐이어서 물감이 묻을까 봐 알몸으로 그림을 그렸다는 일화는 그의 집념을 보여준다. 그는 당시 페르낭 레제, 모딜리아니 등과 교류하며 작업했는데, 러시아 성화의 민속적 색채와 신야수주의적 특성을 결합해 자신만의 언어를 만들었다.

그 시기 파리는 야수주의, 입체주의, 오르피즘 등 아방가르드 운동이 활발했지만, 샤갈은 그 어떤 사조에도 온전히 속하지 않았다. 오히려 환상적이고 몽환적인 세계를 독창적으로 구현하며, 화가뿐 아니라 시인들과도 교감했다. 그의 붓끝은 늘 현실을 초월해, 사랑과 종교, 고향의 추억을 한 편의 시처럼 화폭에 담았다.

문화부 장관 앙드레 말로의 제안으로 파리 가르니에 오페라 극장의 거대한 천장화를 제작하면서, 그는 프랑스의 문화적 상징으로 자리매김했다. 드라이포인트, 석판화, 스테인드글라스 등 다양한 매체에서도 왕성하게 활동했고, 생존 작가로는 드물게 루브르 박물관에 작품이 소장되는 영예를 안았다.

그는 남프랑스 생폴 드 방스에서 20년을 살며 사랑과 평화를 노래하는 작품들을 남겼다. 그리고 1985년, 97세의 나이로 그곳에 묻혔다. 격동의 20세기 예술사조를 두루 거쳤지만, 어느 한 유파에 머무르지 않고 오직 '샤갈다운 샤갈'의 길을 개척했다.

샤갈은 단순히 화가가 아니었다. 그는 붓으로 시를 쓰고, 색으로 음악을 연주한 시인이자 음악가였다. 그리고 무엇보다, 그는 20세기 미술의 소용돌이 속에서도 독자적인 언어를 만들어 낸 드문 예술가였다. 입체주의, 추상표현주의, 초현실주의가 각축을 벌이던 시대에, 그는 그 어떤 유파에도 예속되지 않고 자기만의 세계를 고집했다.

그의 대표작 '나와 마을' 속에는 어린 시절 고향의 기억과 민속적 상징이 뒤섞여 있고, '연인들'에서는 사랑이야말로 인간의 구원이라는 메시지가 투명하게 전해진다. 파리 오페라 가르니에의 천장화에서는 모차르트, 바흐, 베토벤 등 음악가들의 형상이 눈부신 색채와 함께 천상으로 날아오른다. 샤갈은 이렇게 일상의 기억과 종교적 상징, 음악과 시적 상상력을 화폭 위에 자유롭게 엮어내며, 자신만의 독창적인 우주를 완성했다.

나는 몇 해 전 남프랑스 생폴 드 방스의 작은 묘지에 있는 샤갈의 무덤을 찾았다. 그의 그림처럼 소박하고도 평화로운 자리였다. 그 앞에서 조용히 인사를 드리며, 그가 남긴 색채와 시의 세계가 내 안에도 오래도록 빛나고 있음을 고백했다.

바로 그 점에서 샤갈은 '20세기 예술사의 변방에 선 시인'이 아니라, 오히려 사조의 경계를 넘어 보편적 감성과 인간적 진실을 회복한 위대한 예술가로 평가받아야 한다. 그의 무덤 앞에서 나는 샤갈이 여전히 살아 있는 색채의 시인임을 그가 남긴 세계가 지금도 우리를 밝히고 있음을 실감했다.

옆모습

 정면은 닮지 않았다. 내가 그에게 꼼짝 못 하는 이유는, 너무도 그리운 얼굴이 그의 옆모습에 담겨있기 때문이다. 경상도 사투리도 한몫했다. 내 나이 열일곱, 세상을 등지고 떠나버린 나의 멘토, 우리 아빠와 닮아 있었으니까.

 지금의 남편은 재혼한 남편이다. 상처가 있는 사람들이 다시 누군가를 만난다는 건 쉽지 않다. 우리는 네 번이나 만나고 헤어지기를 반복했다. 서로의 상처가 조심스러운 벽이 되기도 했지만, 결국 다시 서로에게 이끌리지 않을 수 없었다.

 법학을 전공한 그는 고등학교 2학년까지 수학을 제일 좋아했다. 그러나 판사를 원하던 아버지의 뜻에 따라 고3 때 문과로

바꿨다고 한다. 지인의 소개로 처음 만났을 때, 어리숙해 보이는 키다리 아저씨였던 그는 흔히 판사들에게서 풍기는 고지식함을 지니고 있었다. 말이 적고 감정 표현이 서툰 그는 연애 초기 내 눈엔 무뚝뚝한 로봇 같아 보였다.

연애할 때 우리는 갤러리와 미술관에 자주 갔다. 나는 그가 묵묵히 따라와 감상하는 줄 알았다. 그러나 그것은 착각이었다. 파리 팔레 드 도쿄에서 전시를 본 뒤 그는 처음으로 불만을 토로했다.

"나는 미술관이나 갤러리 가는 게 고역이야. 현대미술은 더더욱 힘들어. 당신한테 법률 학회에 같이 가자고 하면 좋겠어?"

그때 알았다. 과묵한 사람이라 표현하지 않았을 뿐, 그는 억지로 나를 따라다니고 있었던 것이다.

그런데 놀랍게도 2019년, 프랑스 남부의 샤갈 미술관에서 그는 완전히 달라졌다. 그곳에서 처음으로 미술에 전도된 것이다. 색채와 음악 같은 그림 앞에서 그는 어린아이처럼 눈을 반짝였다. 그 순간 나는 '이 사람과의 동행이 새로운 이야기를 열겠구나'라는 예감을 했다.

26년간 판사로 지낸 그는 변호사가 된 뒤부터는 해외여행을 주도면밀하게 계획하는 것을 즐겼다. 출발부터 돌아오는 날까지 한 시간 단위로 계획을 세우고 플랜 A, 플랜 B까지 준비해 내게 확인받는 것이 그의 낙이 되었다. 예술이 힘들다던 사람이 어느새 달라졌다. 파리 퐁피두 미술관의 한 특별전에서 그는 작품을 보더니 "이 작가, 말년에 자살했을 거야"라고 말했다. 전시장의 연보를 확인해 보니 정말 그랬다. 그만큼 그는 이제 작품을 있는 그대로 읽고 감상할 수 있는, 말랑말랑한 '작가의 남편'이 되어 있었다.

내가 남편에게 고마운 점은, 예술가이기 전에 극도로 예민하고 유약한 나를 현실에 발 딛게 만들어 준 것이다. 전임교수 시절, 시간에 쫓기며 작업을 이어가던 나에게 과감히 사표를 쓰라고 용기를 준 것도 남편이었다. 이 부분은 친정엄마가 가장 아쉬워하셨다. 어렵게 박사학위를 받고 전임교수가 되기까지의 지난한 과정을 누구보다 잘 아셨으니까. 엄마는 남편에게 내가 교수직을 유지하길 바라는 뜻을 전하기도 했다. 그러나 남편의 생각은 달랐다. 덕분에 나는 전업 작가로 8년간 몰입하며 소중한 전시들을 열고, 나름 만족스러운 작품들을 남길 수 있었다.

물론 우리는 여전히 자주 투닥거린다. 융통성이 없는 남편은 화해의 기술을 모르고, 나는 고집 세고 자존심만 앞세운다. 하지만 나는 심성이 곱고 바른 그를 내심 존경한다. 내가 선택의 기로에 설 때 욕심을 버리고 현명한 판단을 하도록 이끌어 줄 수 있는 사람이라는 것을 믿는다.

이혼의 상처를 극복하고 재혼을 결심한다는 건 큰 용기다. 그러나 삶은 가끔 넓은 바닷가에서 발밑에 떨어진 유난히 예쁜 조개껍질을 줍는 것과도 같다. 나는 어쩌면, 운이 좋은 사람인지도 모른다.

　지금 우리는 여전히 티격태격하면서도, 하루를 마무리하는 순간만큼은 꼭 같은 방향을 바라본다. 때로는 여행 계획을 두고, 때로는 서로의 삶의 방식을 두고 의견이 엇갈리지만, 결국 서로의 다름이 우리 삶을 풍성하게 만든다는 것을 안다. 나는 그의 단단함에 기대고, 그는 나의 예민한 촉에 귀 기울이며, 그렇게 균형을 배워간다.

　앞으로도 수많은 풍랑이 닥칠지 모른다. 그러나 이제는 알 것 같다. 바람이 거셀수록 함께 붙잡을 돛이 있다는 것을. 나의 예술이 그의 현실 감각과 만나 한 편의 삶의 항해도가 되어가듯, 우리는 서로의 옆모습을 닮아가며 또 다른 계절을 맞이하게 될 것이다.

허물고 다시 쌓으며

　내게 가장 치명적인 단점은 성격이 무척 급하다는 것이다. 그로 인해 손해가 뻔히 내다보이는데도, 순간의 마음 평화를 위해 얼마나 큰 대가를 치렀는지 나는 잊지 않고 있다. 그 대상이 사람이든 일이든 말이다.

　작업실을 짓는 과정에서도 성격의 급함은 어김없이 드러났다. 자금이 마련되기도 전에 마음이 먼저 달려가 있었다. 집 옆의 토지를 사자마자 토목 공사를 시작했고, 훗날 들어설 건물의 위치나 구조를 고려하지도 않은 채 담장을 쌓았다. 봄이 오자 벚나무를 심고 화초까지 가꾸었다. 그러나 1년 뒤 설계가 바뀌면서 땅을 돌아야 했고, 그 과정에서 심은 벚나무는 높아진 지면에 묻혀 결국 죽고 말았다. 비싼 비용을 들여 올린 벽돌 담장 두 면도 허물 수 밖에 없었다. 성급함이 남긴 자취는 참담하게도 그대로 기록되었다.

인내하고 기다리고, 익어야 수확할 수 있다는 단순한 순리를 나는 이제야 받아들이고 있는 중이다. 급히 얻은 결과물은 결국 다시 허물어야 하는 허망함을 안겨주었지만, 기다림 끝에 오는 결실은 결코 허무하지 않다는 사실을 깨닫는다.

설계 변경으로 늘어난 일들을 처리하다 보니, 올해 안에 착공이나 할 수 있을런지 알 수 없다. 하지만 예전 같았으면 안달하며 불평했을 일들이, 이제는 그저 삶이 내게 건네는 훈련처럼 여겨진다. 기다림 속에서 비로소 내가 길러지는 것이다.

가끔은 램프의 요정 지니에게 소원을 말하고 싶은 마음도 들지만, 사실 진짜 요정은 시간 그 자체인지도 모른다. 시간이 천천히, 그러나 어김없이 이 모든 것을 제 자리에 앉혀줄 테니 말이다.

하인두, 하태임, 잊다, 잇다, 있다 – 그리운 이름

만 16년을 함께하고 영원한 이별을 한 나의 아빠…. 32년의 세월을 거슬러 아빠의 기억을 더듬어 본다.

테레핀 향이 알싸하게 배어 있는 아빠의 작업실, 먼지가 쌓인 책장 너머 햇빛이 눈부시게 들어오는 책상에 앉은 아빠의 뒷모습이 손에 잡힐 듯하지만 다가가면 먼지가 햇빛에 소용돌이치며 날아올라 아빠의 형상이 사라질 듯하다. 그렇게 나의 기억은 세월의 먼지를 털어내고 나면 본체가 선명하지 않을 수 있다는 거다.

아주 어릴 적부터 내가 부탁하는 일은 무엇이든 들어주실 것이라는 아빠에 대한 나의 믿음은 단단했다. 다섯 살 위의 오빠는 용돈이 필요하면 내게 말해서 목적을 달성했고 엄마는 아빠의 술자리가 늦게 끝날 것 같으면 나를 대동하고 인사동 술집으로 가기 일쑤였다. 담배 냄새와 술 냄새가 진동하던 인사동 '사천집'과 '이모집'은 내게 익숙한 장소였지만 술에 취한 어른들의 풍류를 감당하기에는 나는 너무 어렸고 재미가 없어 입을 쑥 내밀고 징징거리며 아빠를 재촉한 기억이 있다.

하나뿐인 딸이라 유독 예뻐하셨는지 어릴 적 내가 책을 읽는 모습을 좋아하셔서 초등학생인 내게 릴케와 괴테, 헤르만 헤세의 책을 사다 주시고 한자가 있는 책에는 음을 달아 주실 만큼 자상하셨다. 새해에는 내 손을 꼭 쥐고 문방구에 가서 하드커버에 자물쇠가 달린 일기장을 사주셨다. 수시로 일기와 짧은 시를 지어 아빠에게 보여드리는 것을 흡족해하셨고 내가 소설가가 되면 좋겠다고 하셨지만 난 짧은 문장이 수월하고 쉬울 것 같아 시인이 되겠다고 거드름을 피웠다.

나는 유난히 겁이 많았다. 그래서 악몽을 꾸기 일쑤였고 한밤중에 식은땀으로 범벅이 된 채 안방으로 달려가 부모님 사이에 누워야만 잠이 들었다. 방배동에서 구리 아천동 전원주택으로 이사를 가서는 아예 엄마 아빠와 함께 잠을 잤으니 지금 생각하면 오붓하게 두 분의 시간을 드리지 못한 점이 죄송스럽기도 하다. 그렇게 귀가 밝고 엄청난 상상력이 나를 괴롭혔던 유년 시절의 밤은 무섭고 적막한 긴 시간이었다. 특히 모두들 잠이 들고 홀로 깨어있을 때는 더욱 힘든 시간이었다. 우리는 창문 쪽으로 머리를 두고 잤는데 정원에 나무들과 담장 밖 전봇대의 그림자들이 마주 보는 벽에 드리워졌다. 마침, 그 벽에는 아빠의 30호 정도의 그림이 걸려있었다. 가로등 불빛은 정원수의 실루엣과 커텐 등의 그림자들을 창문으로 투과시켜 아빠의 그림에 아름다운 형상을 중첩시켰다. 바람이 불면 흔들리며 춤추는 기묘한 모양들을 그림에 얹어 놓고, 새벽이 밝아오면 희뿌연 빛깔로 그림을 말끔히 씻어내 정갈한 얼굴이 되었다.

아빠는 화구통을 메고 앞산에 풍경화를 그리러 즐겨 나가는 중학생인 나를 앉혀놓고 수채화 강습도 해주셨는데 정말 휙휙 그려내는 아빠의 필체를 이해할 수도 없었고 이해하려고도 하지 않았다. 나는 미술책에 나오는 정교하고 얌전한 수채화를 그리고 싶었는데 너무 아무렇게나 무심하게 그려내는 것 같은 아빠의 붓질은 나를 침울하게 만들었다.

이런 어린 안목으로 파란색 덩어리로 꿈틀대는 아빠의 작업들을 심각하게 걱정했던 것도 사실이다. 오색찬란한 에너지 가득한 추상회화를 이해하기에는 나는 너무 어리고 여물지 못했던 것이다.

중학교 그 시절, 이젠 좀 성숙한 모습을 보여드리고 싶었던 나는 아빠 화실로 쪼르르 내려가서 "아버지, 이제 아버지라고 부를래요."라고 했다.

그런 나를 물끄러미 바라보시며

"아버지가 뭐꼬? 그냥 아빠라고 불러라…. 네가 어른이 되고 아이 엄마가 되더라도 난 만만한 아빠가 좋다." 그 시절 나는 아빠라는 '만만한 존재'의 위대함을 몰랐다. 아빠는 나와 16년의 짧은 추억만 남겨놓고 절대 돌아올 수 없는 길을 홀로 떠나셨기 때문이다.

플룻과 미술 사이에서 고민할 때 미술을 할 녀석이 무슨 고민을 하고 있냐며 시원하게 진로를 정해 주셨고 본인이 동경했던 프랑스 유학의 꿈을 심어주셨다. 아빠는 3년간의 암 투병을 이기지 못하고 1989년 11월 12일 영면하셨다. 1년 후 혼자 떠난 프랑스 유학은 모든 게 낯설고 힘들었지만 내가 길을 잃고 헤맬 때, 아빠의 책 [지금 이 순간에] 와 [혼불, 그 빛의 회오리]를 읽으며 '인간 하인두'를 그리워했다. 세잔느를 사랑하셨던 아빠. 솔직하고 무뚝뚝하지만, 정이 깊고 담백한 하인두, 암 투병의 고통을 작품에 대한 열정으로 마지막까지 혼불을 태우다 가신 존경하는 화가 선배님…. 책 속에서 만나는 여러 모습의 아빠 덕에 희미해진 나의 기억 위에 구체적인 형체가 덧입혀졌다.

삶의 여러 지점에서 마주하는 '애끓는 그리움'은 이제는 사그

라질 만도 한데 나의 작업이 멈추고 고민이 쌓이면 '지금 나의 그림을 아빠가 보신다면 어떤 말씀을 해주실까?' 정말 궁금하다.

그래서 아빠와 함께했던 시간보다 부재의 크기가 두 배 이상이 되는 시점에도 불구하고 그리움의 크기가 더욱 커지는 것은 아마도 자신의 꺼져가는 생명을 목도하고 '완성'을 향해 투혼을 불사른 나의 아빠의 고독함과 외로움이 너무도 안타깝고 생생하게 그려지기 때문일 것이다.

화가 선배님이신 아빠가 추구하신 작품세계는 내가 연륜이 쌓일수록 더 깊고 광활하게 느껴진다. 어릴 적 이해하지 못했던 아빠의 작품들이 이제는 다정하고 따스하게 내게 말을 건넨다.

2022년 1월 어느 날

Un Passage No.234024, 90×90cm, Acrylic on Canvas, 2023.

Un Passage No.242006, 130×130cm, Acrylic on Canvas, 2024.

에필로그

다시, 빛으로

색은 사라지지 않는다.
시간이 흘러 형태가 바뀌어도, 마음속에 남은 색은
언젠가 다른 빛으로 다시 돌아온다.
슬픔은 연민으로, 기다림은 감사로,
고독은 평온으로 변해 나를 다른 길로 이끈다.
나는 오랫동안 색을 좇아왔다.
그 색들은 나의 기억이었고, 사랑이었으며,
어쩌면 나 자신이기도 했다.
이제는 안다.
색을 '찾는' 것이 아니라,
색이 먼저 다가와 나에게 말을 건다는 것을.

그림을 그리지 않는 시간에도
나는 여전히 색을 쓴다.
햇살이 유리컵을 통과해 책상 위로 번질 때,
어린 시절의 추억이 불현듯 떠오를 때,
그 순간마다 색은 다시 피어난다.
삶은 그렇게 이어지고, 예술은 그 삶의 또 다른 이름이 된다.

하태임

Un Passage No.251005, 200×200cm, Acrylic on Canvas, 2025.

Un Passage No.251007, 200×200cm, Acrylic on Canvas, 2025.

색채 환상곡

초판 인쇄 2025년 11월 19일
초판 발행 2025년 11월 30일

지은이 하태임
발행인 조현수
펴낸곳 도서출판 프로방스
기획 조영재
마케팅 최문섭
편집 문영윤

주소 경기도 파주시 광인사길 68, 201-4호(문발동)
전화 031-942-5366
팩스 031-942-5368
이메일 provence70@naver.com
등록번호 제2016-000126호
등록 2016년 06월 23일

정가 20,000원
ISBN 979-11-6480-401-6 (03810)

파본은 구입처나 본사에서 교환해드립니다.